Les rois & les reines de la toile

Blogging: Mode d'emploi

Trucs & Astuces

Lou

Auto-Édition

ISBN: 9782322143290

Mot de l'auteur

Je m'appelle Lou, je suis Blogeuse Lifestyle & Famille, j'ai ouvert mon blog en août 2017.

Je suis Auto-Entrepreneur et slasheuse car je cumule deux activités distinctes mais qui me comblent de joie !

Blogeuse sous le nom de mon blog Inclassable:

https://www.inclassableleblog.com

Et Illustratrice sous le nom de Löu Illustrations:

https://www.louillustrations.com

Quand j'ai commencé, je ne savais pas vraiment comment faire pour avoir beaucoup de vues sur les réseaux sociaux, des abonnés ou des partenariats et j'aurais bien aimé avoir un livre qui m'explique les rouages de cette profession.

Le Blogging est devenu une véritable passion.....dévorante et quoi de mieux que d'en faire son métier ! Je devais impérativement apprendre beaucoup en stratégies digitales, comprendre comment les réseaux sociaux fonctionnent et quels sont leurs différences ?

J'ai donc énormément lu d'articles de blogeuses aguerries, de marketing digitale, d'explication en tous genres sur le SEO {search engine optimisation} et essayer aussi de comprendre comment telle blogeuse ou YouTubeuse qui a commencé depuis 1 an à déjà 20 000 fans....

- Comment cela est-il possible ?
- Ont-ils des secrets que je n'avais pas encore découverts ?

J'avais tellement à apprendre.....

Je me suis donc rapproché de blogeuses, YouTubeuses, Facebookeuses et Facebookeurs pour leur demander leurs Trucs & Astuces et de participer au livre en répondant à une interview.

J'ai été la première surprise de leur énorme gentillesse, de leur disponibilité alors qu'ils sont constamment sollicités et de leurs répon: à tous: OUI !!!

Alors le premier truc que j'ai envie d'écrire c'est un grand MERCI à tous et toutes.

Je vais donc à travers ce livre, vous livrer mes impressions, mes trucs & astuces que j'ai apprises mais également partagées avec vous les interviews des Reines & Rois de la toile mais pas que....

Je voulais également à travers cet écrit mettre à l'honneur des blogs plus petits en terme de nombre d'abonnés mais qui sont très prometteurs tant par leur authenticité que par la qualité de leurs écrits.

Tous ces blogs ont un point commun: " La Passion " et " Le Partage "

Il y aura également dans ce livre une partie " Ressources " qui pourront vous servir pour connaître plus amplement ce monde merveilleux de la blogosphère.

Je reviendrais sur mon expérience personnelle en toute fin, bonne lecture !!!

Lou

Toutes les interviews que vous allez découvrir sont retranscrites à l'identique et dans leur intégralité, aucune retouche de ma part n'a été effectué.

Les Blogs Humour

- **Madame Conasse**
- **Serial Mother**
- **Papa Chouch**

Madame Conasse

Quand as-tu ouvert ton blog et pourquoi ?

J'ai créé la page le 24/04/2016, c'était un défi avec un pote à la base, il avait une page avec 55 K d'abonnés en 6 mois, j'ai voulu lui montrer que je pouvais mieux faire. Mais c'est devenu rapidement un exutoire et l'addiction est venue tout aussi vite.

Est-ce ta seule activité ?

Non.

D'où vient son nom ?

C'était mon surnom dans mon groupe d'amis.

Comment définirais-tu ton univers ?

Drôle et déculpabilisant.

Utilises-tu des logiciels de retouche photos et lesquels ?

Non, je ne fais qu'un zapping du net

Comment t'organises-tu pour tes publications, as-tu un planning très précis ?

Je mets un panneau par heure, de 8 h à 22 h. Chaque tranche horaire a son humour. Tout a été étudié, les heures, les jours, ensuite j'ajoute l'actu, la météo, les Buzz…

Comment es-tu arrivée à te faire connaître ?

J'ai commencé par un mailing de malade pour des partages de posts. Je visais les pages qui avaient à peu près le même nombre d'abonnés que moi, le même humour et au fur et à mesure je tapais un peu plus haut…je suis rapidement arrivée à 100 K {un mois et demi} et le reste s'est fait avec des analyses, des statistiques de ce qui plaisait à qui et à quelle heure et chaque jour s'adapter car plus la communauté grandit plus il faut viser large…

Ton succès a démarré à quel moment, suite à quel article ?

Il a pris rapidement, mais j'ai gagné énormément d'abonnés le premier mois grâce à 2 pages qui aujourd'hui n'existent plus malheureusement.

Es-tu dans une Agence de Blogeuses, si oui, laquelle ? Où préfères-tu gérer tes partenariats seule ?

Je gère tout, seule.

Fais-tu des articles sponsorisés ou de l'affiliation ?

Oui.

Acceptes-tu tous les partenariats que l'on te propose ?

Absolument pas, il faut que cela corresponde à mon état d'esprit et surtout à ce que mes abonnés attendent.

Comment vois-tu l'avenir, as-tu des projets ?

Continuer à développer la notoriété du nom de la page.

Quels conseils donnerais-tu à quelqu'un qui souhaite lancer son blog ?

C'est un vrai travail et un monde de requins, il faut s'accrocher et avoir les nerfs solides.

Le mot de la fin, c'est ?

Vivre de sa passion est un vrai bonheur.

Retrouve Madame Conasse ici: https://www.facebook.com/Madameconnasse123/

Serial Mother

Quand as-tu ouvert ton blog et pourquoi ?

J'ai ouvert le blog il y a 5 ans pour rire au départ, juste pour rire et coucher par écrit mes pensées de maman.

Est-ce ta seule activité ?

Je suis journaliste, je continue des faire des piges ici et là, j'écris des livres, j'ai lancé une chaîne YouTube " Mam's " et je suis la cofondatrice de la plateforme en ligne yOOpies.fr pour trouver des nounous / baby-sitters

https://yoopies.fr/

D'où vient son nom ?

Je voulais un nom pas trop gnangnan et puis je voulais incarner un personnage alors voilà !

Comment définirais-tu ton univers ?

Drôle, très second degré mais jamais méchant.

Utilises-tu des logiciels de retouche photos et lesquels ?

Alors ça non, ce n'est pas mon fort !

Comment t'organises-tu pour tes publications, as-tu un planning très précis ?

J'écris quand je veux sur mon blog mais pour les piges que je fais ailleurs, oui j'ai un planning à respecter car je ne suis plus seule.

Comment es-tu arrivée à te faire connaître ?

Le bouche à oreilles, les réseaux sociaux…ça a été assez rapide finalement.

Ton succès a démarré à quel moment, suite à quel article ?

Je ne sais pas précisément, je ne pense pas qu'il y ait un seul article mais plusieurs.

Es-tu dans une Agence pour blogeuses, si oui, laquelle ? Où préfères-tu gérer tes partenariats seule ?

Je fais confiance pour certaines choses à mon amie Candice de Family deal, je ne fais à vrai dire que peu de partenariats.

Fais-tu des articles sponsorisés ou de l'affiliation ?

Très, très rarement.

Acceptes-tu tous les partenariats que l'on te propose ?

Si ça fait sens avec ce que je suis, ce que je veux transmettre oui mais bon ça se compte sur les doigts d'une main ! Je voulais vraiment me concentrer sur l'écriture.

Comment vois-tu l'avenir, as-tu des projets ?

J'aime écrire des livres, j'aime jouer la comédie, j'adore passer du temps avec mes enfants. J'ai toujours des projets de livres sous le coude, je viens d'en sortir 2. J'en termine un qui sortira en mars. Je me remets à l'écriture d'un roman…ça va je suis occupée quoi ! ☺

Quels conseils donnerais-tu à quelqu'un qui souhaiterait lancer son blog ?

De le faire ! Il faut se lancer dans la vie, il faut faire ce qu'on rêve de faire ! Ça fait très Céline Dion mais…il faut y croire.

Le mot de la fin c'est ?

Riez, riez, riez, riez ! La vie est moins dure quand on rit.

Retrouve Serial Mother ici:

https://www.facebook.com/blog.maman/

Papa Chouch

Quand as-tu ouvert ta page Facebook et pourquoi ?

J'ai créé la page de Papa Chouch le 20 janvier 2016. J'avais du temps et je n'ai pas trouvé sur Facebook de page tenue par un père qui soit drôle pour les parents donc je l'ai créé. Il y avait bien des pages tenus par des pères mais pas orienté uniquement Humour.

Est-ce ta seule activité ?

Maintenant oui mais pas à mes débuts. D'ailleurs je n'ai jamais pensé en vivre au départ.

La gestion de la page et des projets annexes est devenu mon emploi à temps plein.

D'où vient son nom ?

Papa Chouch est le surnom que l'on me donne chez moi. Chouch est le Diminutif de Chouchou ma femme on s'appelait comme ça « Les chouchs » donc quand j'ai eu mon premier garçon, je suis Devenu papa Chouch.

Comment définirais-tu ton univers ?

J'ai un univers tourné autour de l'humour pour les parents. Dans la société actuelle on demande beaucoup aux parents, ils doivent être parfaits dans tous les domaines or cela est impossible donc j'ai décidé d'en rire en écrivant des citations et en partageant tout ce qui me faisait rire.

Je reste uniquement dans la thématique de la famille, des parents et des enfants.

Utilises-tu des logiciels de retouche photos et lesquels ?

Non je ne retouche jamais de citations ou photos, je les mets Brut et cite toujours la source quand je la connais.

Comment t'organises-tu pour tes publications, as-tu un planning très précis ?

Je programme mes publications, j'ai toujours une base de 4 publications de programmer sur 3 jours d'avance que je complète avec les nouveautés du jour. Je préfère programmer pour ne pas être stressé chaque jour.

Je me fais 2 sessions de programmation par semaine.

Comment es-tu arrivé à te faire connaître ?

J'ai réussi à me faire connaitre parce que j'ai écrit de nombreuses citations dont certaines ont bien plu. Elles ont été relayées par des pages avec beaucoup plus de fans que moi et cela a fait venir les premiers fans. Je remercie plus particulièrement les pages de Sacrée Maman, Madame Connasse, Family Deal, Monsieur le détraqué … J'en oublie plein mais grâce à ces relais j'ai réussi à grandir chaque mois un peu plus.

Je considère les autres pages sur Facebook comme des partenaires et non des concurrents, avec ce point de vue, chaque partage d'une de mes citations est une chance pour moi.

Acceptes-tu tous les partenariats que l'on te propose ?

Non je n'accepte pas tout. Déjà je n'accepte jamais de cadeaux contre une publication. C'est un parti pris fort de ma part dans le monde de la parentalité où les cadeaux sont légions.

Maintenant, je peux me permettre de choisir mes partenaires, je refuse tous ceux qui ne sont pas à destination des parents car de toute façon cela ne marcherait pas sur ma page. Je commence à avoir des partenaires fidèles et récurrents donc j'ai moins de place pour de nouveaux partenaires.

Je ne fais pas non plus de la pub tous les jours, cela serait trop lassant pour mes fans.

Comment vois-tu l'avenir, as-tu des projets ?

Il est impossible de prévoir l'avenir.

J'espère sortir un nouveau livre et continuer à vivre grâce à ma page mais je n'en sais rien car tout peut s'arrêter du jour au lendemain.

Quels conseils donnerais-tu à quelqu'un qui souhaiterait lancer sa page Facebook ?

De se lancer, Facebook est gratuit et la création d'une page aussi. Une page Facebook est un bon moyen de se faire connaitre.

Néanmoins cela est compliqué de réussir car il faut vraiment avoir un axe, un point de vue, une originalité, bref il faut se démarquer de ce qui se fait déjà !

De plus, les réseaux sociaux prennent beaucoup de temps, il ne fait pas négliger le temps que cela va prendre pour, au départ, peu d'interactions … Il faut persévérer pour réussir.

Pour des conseils pratiques, il faut publier régulièrement et tous les jours, plutôt des choses inédites (que l'on n'a jamais vu donc, dans l'idéal, que vous avez créé), toujours en lien avec la thématique de votre page.

Le mot de la fin c'est ?

Ne pas hésiter à contacter des pages plus importantes que vous qui sont dans la même thématique pour leur proposer des relayer une de vos publications avec un lien actif vers votre page. Il n'y a aucune barrière sur Facebook, toujours tenter sa chance.

Retrouve Papa Chouch ici:

Les Blogs Mode

- **La Penderie de Chloé**
- **Flo & Confettis**
- **In The Mood For Mode**
- **Pêche et Églantine**

La Penderie de Chloé

Quand as-tu ouvert ton blog et pourquoi ?

Mon blog La Penderie de Chloé est né le 4 juin 2010. À l'époque, les blogs n'étaient pas du tout populaires. Je lisais régulièrement quelques blogs mode mais comme je n'avais pas trouvé de blogeuses bordelaises partageant leurs bons plans shopping et bonnes adresses, j'ai décidé de créer le mien ! Je me suis tout de suite prise au jeu en y consacrant énormément de temps comme j'avais pas mal de temps libre pendant ma licence de communication. Je passais des heures, presque nuits et jours, à écrire sur mon blog, modifier mon Template Blogger, répondre aux commentaires et découvrir d'autres blogeuses. Même si j'ai commencé mon blog un peu par hasard, je me suis tout de même découvert une passion comme je n'en ai jamais eu d'autre et c'est sûrement ce qui est le plus beau dans cette histoire !

En savoir plus : https://www.lapenderiedechloe.com/2017/02/backstage-blogging-de-la-passion-au.html

Est-ce ta seule activité ?

Aujourd'hui, j'ai la chance de vivre de mon blog et de pouvoir me consacrer pleinement à ma passion. Mais ce n'est pas ma seule activité à proprement parlé. Je suis aussi vice-présidente de l'association Happy Running Crew et fondatrice du collectif de blogeuses 1 Pièce, 10 Styles. Ce sont des projets communautaires qui me tiennent énormément à cœur puisqu'ils permettent de rapprocher les gens entre eux que cela soit par amour de la mode ou de la course à pied. Et croyez-moi, avec tout ça, je ne m'ennuie pas une seconde !

D'où vient son nom ?

Une penderie, ce petit placard ou l'on suspend des vêtements mais pas que ! Une penderie c'est mystérieux ! On peut y cacher une valise, des chaussures de sport et plein de petits secrets. Ma penderie à moi est pleine de surprise ! Alors bien sûr, le sens premier fait référence à la mode et aux tenues du jour que je publie sur mon blog, mais c'est aussi un gros clin d'œil à toutes les autres thématiques que je peux y aborder. Quant à Chloé, c'est mon prénom tout simplement !

Autre avantage de la création d'un blog en 2010 ? Nul besoin de se casser la tête pour trouver un nom de blog puisque nous étions que très peu de blogueurs !

Comment définirais-tu ton univers ?

Coloré, fun et naturel !

Utilises-tu des logiciels de retouche photos et lesquels ?

Je travaille avec mon chéri photographe pour les photos. Il retouche via Lightroom tout ce qui est contraste, luminosité, balance des blancs, etc.

En savoir plus : https://www.lapenderiedechloe.com/2017/07/adrien-photographe.html

Comment t'organises-tu pour tes publications, as-tu un planning très précis ?

En effet j'ai un planning... mais pas très précis ! Je publie surtout en fonction de mes inspirations, de mes envies, de mes humeurs...

Comment es-tu arrivée à te faire connaître ?

Je n'ai jamais cherché à me faire connaître... et c'est peut-être tout simplement le secret ?

Ton succès a démarré à quel moment, suite à quel article ?

Alors là bonne question car je ne parlerais pas de succès me concernant ! J'ai eu la chance d'avoir des lectrices fidèles et bienveillantes depuis le tout début... Pour ma part, j'ai toujours évolué avec passion, régularité et sincérité. Et je suis convaincue que ces valeurs sont essentielles à la gestion d'un blog.

Es-tu dans une Agence pour blogeuses, si oui laquelle, Où préfères-tu

Gérer tes partenariats seule ?

Non, je gère mes partenariats toute seule comme un grande ! Ce n'est pas toujours facile et cela prend un temps fou mais je ne suis pas à l'aise à l'idée de déléguer cette tâche car je suis la mieux placée pour savoir quel partenariat peut (ou non) être adapté à ma ligne éditoriale.

Fais-tu des articles sponsorisés ou de l'affiliation ?

Bien sûr, comme tout blogueur professionnel, sans quoi je ne pourrais me consacrer pleinement à ma passion. Les articles sponsorisés me permettent d'être rémunérée pour créer du contenu pour une marque que j'adore. Pour l'affiliation, je reçois un pourcentage sur les ventes effectuées via mon blog. Cela n'altère en rien la sincérité des contenus puisque je trie sur le volet mes collaborations.

Acceptes-tu tous les partenariats que l'on te propose ?

Oh que non... Je dirais que je refuse près de 95% des propositions de partenariat que je reçois. Parmi elle, il y a parfois des demandes carrément folles comme promouvoir du

Papier toilette ou des vibromasseurs... Bien sûr, c'est anecdotique et cela représente une minorité des demandes de partenariat. En général, je refuse surtout parce qu'elles ne répondent pas parfaitement à ma ligne éditoriale. Par exemple, si une marque de cosmétiques me demande de promouvoir une palette pour les yeux alors que je ne me maquille que les lèvres, ce n'est pas envisageable...

Comment vois-tu l'avenir, as-tu des projets ?

En 2018, je fête mes 8 ans de blog et ça, qui l'aurait cru ? L'avenir ne me fait aucunement peur et je suis absolument sereine quant à mon activité. Surtout avec les dizaines de projets qui fusent dans ma petite tête ! Je ne vous en dis pas plus, mais stay tunned !

Quels conseils donnerais-tu à quelqu'un qui souhaiterait lancer son Blog ?

Se lancer pour les bonnes raisons !!! Tu veux bloguer pour le succès, pour la course aux followers, pour faire des partenariats avec des marques ? Essaie plutôt de bloguer pour toi, pour t'épanouir par le biais de l'écriture, pour rencontrer des belles personnes, pour partager tes astuces et ta personnalité.

Le mot de la fin c'est ?

Un grand sourire de la fin, c'est possible ?

Retrouve La Penderie de Chloé ici: BLOG : https://www.lapenderiedechloe.com/

Flo & Confettis

Quand as-tu ouvert ton blog et pourquoi ?

Flo & Confettis a d'abord vu le jour alors que j'étais encore au secondaire. Déjà à 13 ans, j'avais une passion immense pour la mode, mais comme je payais toutes mes choses, je ne pouvais pas me permettre de magasiner dans les mêmes boutiques que mes amies. Je magasinais donc dans les friperies, les magasins à rabais et je suis devenue une experte en trouvailles ! À 15 ans, je rêvais d'ouvrir ma chaîne YouTube, mais je n'avais pas de caméra, d'éclairage ni de logiciel de montage, et ceux-ci représentaient beaucoup de sous, que je n'avais pas à ce moment-là pour investir dans ce projet. J'ai toujours eu ce fort intérêt pour l'univers des communications : tant dans les médias traditionnels (télé, animation, photographie, magazines) que dans les médias sociaux. À 16 ans, je rêvais d'avoir un jour mon propre magazine. J'étais déjà un peu active sur Instagram, et les gens me demandaient souvent des conseils de magasinage sur comment trouver des rabais, où aller pour trouver ceci ou cela, etc. C'est ainsi que l'idée de m'ouvrir un blog m'est venue. J'ai cherché un nom et j'ai travaillé longtemps, puis, en février 2016 est né Flo &Confettis. À ce moment-là, les seuls blogs que je connaissais étaient Le Cahier et Les Trouvailles de Sarah, car je lisais principalement des revues. Je n'avais aucune idée que bloguer pouvait être en fait un *vrai* travail. Je ne m'en occupais pas vraiment non plus, car j'écrivais pour le plaisir et je n'avais pas beaucoup de temps à mettre dans mon projet. Beaucoup de gens se moquaient et ne comprenaient pas ce que je faisais! Ça a été long avant que le blog devienne plus sérieux, car au début, je me démotivais chaque fois que j'avais droit à des commentaires désobligeants, mais j'ai fini par comprendre qu'il faut suivre son instinct et faire ce que l'on aime, peu importe ce que les gens en diront.

Est-ce ta seule activité ?

Présentement, je suis étudiante à temps plein en marketing mode, ce qui prend la majorité de mon temps. Autrement, je génère un certain revenu de mes activités de blog tel mes articles sponsorisés ou mes publications sur les médias sociaux. Pour compléter mes revenus, j'écris à la pige pour d'autres blogs et je fais de la création de contenu que je vends à des entreprises.

D'où vient son nom ?

Flo &Confettis vient de Flo comme dans mon prénom Flore et représente mon petit côté doux et calme. Confettis, c'est pour mon petit côté joyeux et explosif.

Comment définirais-tu ton univers ?

L'univers Flo &Confettis, ça se veut des conseils d'amie, un baume sur le cœur et de l'inspiration à volonté ! C'est du positivisme, de la joie à profusion et toujours, beaucoup d'authenticité.

Utilises-tu des logiciels de retouche photos et lesquels ?

Pour mes retouches photos, j'utilise beaucoup VSCO pour les filtres et Snapseed et Afterlight pour les éclairages.

Comment t'organises-tu pour tes publications, as-tu un planning très précis ?

Sur le blogue, j'essaie de publier au moins cinq articles par mois, soit environ un article aux cinq jours. Je planifie mon contenu six mois d'avance ! Ce ne sont pas les idées qui me manquent. Pour ce qui est de mes réseaux sociaux, je publie tous les jours sur Instagram et Facebook afin d'interagir avec ma communauté et d'attirer les gens à aller voir mes publications sur le blog et sur YouTube.

Comment es-tu arrivé à te faire connaître ?

Ce qui m'a aidé à me faire connaître est sans aucun doute la rigueur et la qualité de mon travail. Les premiers mois, j'écrivais beaucoup, même si peu de gens consultaient mon site. Je ne me suis pas découragée, j'ai continué de travailler fort et ma place s'est faite toute seule.

Ton succès a démarré à quel moment, suite à quel article ?

Mon « succès » n'est pas venu suite à un article en particulier, mais bien grâce au bouche-à-oreille et à l'accumulation d'articles et de ressources/conseils que j'offrais à mes lecteurs.

Es-tu dans une Agence pour blogeuses, si oui laquelle, Où préfères-tu gérer tes partenariats seules ?

Pour l'instant, je gère mes partenariats seule, mais je dois dire que j'ai en tête de commencer à chercher pour une agence bientôt.

Fais-tu des articles sponsorisés ou de l'affiliation ?

Je ne fais pas d'affiliation, mais je fais des articles sponsorisés. Malgré le fait que je sois parfois payée pour écrire sur certains produits, mes lectrices n'ont jamais douté de mon authenticité car je suis toujours honnête et transparente avec mes abonnées.

Acceptes-tu tous les partenariats que l'on te propose ?

Non. En fait, je refuse énormément de partenariats. Je veux toujours travailler avec des compagnies chez lesquelles j'aurais été porté à acheter en tant que consommatrice. Si la compagnie ne rejoint pas mes valeurs ou que j'aime moins ses produits, je ne me vois pas en faire la promotion. L'honnêteté, c'est ce qu'il y a de plus payant.

Comment vois-tu l'avenir, as-tu des projets ?

J'aimerais terminer mes études et vivre uniquement du blogue. J'aime beaucoup le design et le commerce en ligne. Qui sait, peut-être que Flo &Confettis aura un jour sa propre ligne de papeterie ou de chaussures ;)

Quels conseils donnerais-tu à quelqu'un qui souhaiterait lancer son Blog ?

En gros, ce serait de le faire pour les bonnes raisons. Aujourd'hui, tellement de gens veulent bloguer pour les événements VIP et les cadeaux… Alors que c'est tellement plus que ça ! Être blogueur, ce n'est pas toujours glam et c'est beaucoup de travail. Sinon, ce serait de le faire avec passion, d'être patient et surtout de ne jamais se décourager ! J'ai déjà écrit un billet de blog sur le sujet.

Le mot de la fin c'est ?

Bloguer, c'est univers nouveau, certes, mais qui a tellement à nous apporter. Entourez-vous des bons influenceurs et vous trouverez certainement que les médias sociaux sont un univers merveilleux pour sa dose d'inspiration quotidienne !

Retrouve ici et là:

https://www.floetconfettis.com/ _https://www.facebook.com/floetconfettis/

In The Mood For Mode

Quand as-tu ouvert ton blog et pourquoi ?

J'ai ouvert mon blog en 2007, alors je sortais d'une école de couture et j'avais envie de trouver un espace où je pouvais partager ma passion pour la mode et mon amour pour les bavardages…car j'ai toujours une histoire à raconter.

Est-ce ta seule activité ?

Depuis peu le blog est ma seule activité.

D'où vient son nom ?

Son nom vient du film In The Mood For Love, un film que j'aime beaucoup.

Comment définirais-tu ton univers ?

Je pense que c'est un mélange de bonne humeur, avec un petit grain de folie et
De blah blah.
Je vois le monde avec des yeux d'enfants malgré mon âge, je suis toujours émerveillée par la nouveauté et j'essaie de partager ma façon de penser. Car pour moi le plus petit bonheur peut donner la plus grande des joies.

Utilises-tu des logiciels de retouche photos et lesquels ?

J'utilise Lightroom uniquement pour mes photos : je recadre, retouche tout ce qui est lumière, contraste, chaleur et saturation…

Comment t'organises-tu pour tes publications, as-tu un planning très précis ?

Oui, je poste 2x par semaines, pour moi c'est important de créer un RD
Avec mes lecteurs.

Comment es-tu arrivé à te faire connaître ?

À l'époque où j'ai commencé le blog, il n'y avait pas autant de RS, j'ai commencé à l'époque de Myspace, et cela ne me venait même pas à l'idée de partager mes articles dessus. Du coup c'était beaucoup grâce aux forums (VIB, Nuage de Filles…) et puis Hellocoton est arrivé et j'ai eu la chance d'avoir des articles en Une et en sélection. Cette plateforme a été un véritable tremplin pour moi et pour beaucoup.

Ton succès a démarré à quel moment, suite à quel article ?

Je ne pense pas qu'il y ait un article en particulier, je pense que c'est un travail qui se fait petit à petit. Même si les choses arrivent plus vite maintenant.

Es-tu dans une Agence pour blogeuses, si oui laquelle, Où préfères-tu gérer tes partenariats seule ?

Pour l'instant je gère tout, seule.

Fais-tu des articles sponsorisés ou de l'affiliation ?

Je fais des articles sponsorisés, je n'aime pas l'affiliation car je trouve qu'il n'y a que les méga-influenceurs qui y trouvent leur comptes.

Acceptes-tu tous les partenariats que l'on te propose ?

Non, bien que j'en aie fait mon job, je refuse beaucoup de partenariats. Si je trouve qu'ils ne me correspondent pas, ils ne correspondront pas à mes lectrices et je n'ai pas envie de les perdre car elles pensent que je me moque d'elles. C'est important pour moi, elles me font confiance. J'ai même retourné des produits après les avoir reçu. Cet été par exemple je devais travailler avec un créateur de sac marocain. Nous en avions parlé au mois de juin, au mois de juillet je n'avais rien reçu, mes messages restaient sans réponses. Puis il est revenu vers moi en m'accusant presque de mentir, mais sans vraiment le dire. Lorsqu'il s'est rendu compte que le sac était bloqué en douane, il s'est
Excusé et me la renvoyé en me promettant un concours pour mes lectrices. Je n'ai jamais reçu le sac du concours… Et toujours ce manque de communication.
J'ai tout annulé, si je dois parler d'une marque à mes lectrices c'est parce que j'ai confiance et s'ils n'ont pas communiqué avec moi, je pense qu'ils feraient la même chose avec leur clientes. Je ne veux pas que mes abonnées soient leur clientes. Tout simplement…

Comment vois-tu l'avenir, as-tu des projets ?

J'ai envie de continuer à faire évoluer le blog, travailler avec de nouvelles marques et de nouveaux créateurs. Pourquoi pas une agence, ce serait le top.

Quels conseils donnerais-tu à quelqu'un qui souhaiterait lancer son Blog ?

Être honnête, ne pas acheter ses abonnés, ça se voit. Ne pas jouer un rôle, si les gens nous apprécient c'est pour celles qu'on est. Et surtout ne pas penser que c'est juste poster des photos, blogger est un travail, un travail qui prend du temps : retoucher les photos, répondre aux abonnés/mails de marques ect… Vouloir en faire son gagne-pain c'est génial mais ne pas non plus tout accepter.

Le mot de la fin c'est ?

Restez vous-même et soyez heureux!

Pêche et Églantine

Quand as-tu ouvert ton blog et pourquoi ?

J'ai ouvert Pêche & Églantine en mai 2017 dans le but de partager mon optimiste, mes réflexions et des conseils pour rendre la vie des autres plus heureuse et épanouie.

Est-ce ta seule activité ?

Non pas du tout, je suis officiellement chargée de marketing.

D'où vient son nom ?

Pêche vient du fruit, juteux, plein de vitamines et d'énergie mais aussi de l'expression " avoir la pêche ", du dynamisme ect…

Églantine représente un souvenir d'enfance mais aussi une fleur, plus douce et reposante pour contraster avec la pêche.

Comment définirais-tu ton univers ?

Positif, motivant et bienveillant, la plupart de mes articles sont accès sur le bien-être, tant physique que spirituel, tant sur le sport et l'alimentation que sur le bonheur et le fait de vivre pleinement sa vie et d'être soi.

Utilises-tu des logiciels de retouche photos et lesquels ?

Non.

Comment t'organises-tu pour tes publications, as-tu un planning très précis ?

Je poste 2 fois par semaine, le lundi et le vendredi en général.

Comment es-tu arrivée à te faire connaître ?

Oula je ne sais pas…Une combinaison de tout: la passion, les réseaux sociaux, les partages…

Ton succès a démarré à quel moment, suite à quel article ?

Suite à un article sur le sport en juillet dernier.

Es-tu dans une Agence pour blogeuses, si oui laquelle ? Où préfères-tu gérer tes partenariats seule ?

Non pas du tout, oui je préfère gérer tout cela seule.

Fais-tu des articles sponsorisés ou de l'affiliation ?

Non, seulement des partenariats non rémunérés où l'on m'envoie gratuitement des produits et dont je parle avec honnêteté et transparence.

Acceptes-tu tous les partenariats que l'on te propose ?

Cela dépend lesquels !! Il faut qu'ils correspondent à ma ligne éditoriale, mes valeurs et acceptent mes conditions de transparence et d'honnêteté.

Comment vois-tu l'avenir, as-tu des projets ?

Oui pleins de rêves et d'envies, continuer le blog bien sûr mais aussi écrire un E-Book, développer des challenges et pas mal d'autres sur du plus long terme.

Quels conseils donnerais-tu à quelqu'un qui souhaiterait lancer son blog ?

Être passionnée, croire en soi et se faire plaisir !

Le mot de la fin, c'est ?

N'oublie jamais que la vie est belle et que tu es une personne merveilleuse !

Retrouve Pêche & Églantine ici: https://www.facebook.com/pecheneglantine/ et là: https://pecheneglantine.fr/

Les Blogs Littéraires

- **Plume d'Isandre**
- **Les Chroniques de Yuuki**

Plume d'Isandre

Quand as-tu ouvert ton blog et pourquoi ?

En décembre 2015, sur un coup de tête.

Est-ce ta seule activité ?

Non, je fais aussi de la rédaction et de l'édition de contenus pour le Web. J'anime un atelier d'écriture pour l'association Vienne Accueil. Et je suis mère de famille ☺

D'où vient son nom ?

Isandre est un pseudo d'écriture que j'utilise depuis longtemps, et qui m'a toujours porté chance. C'est le quasi anagramme de mon prénom. Au départ, je ne voulais pas utiliser « la plume » : je trouvais ça trop convenu. Mais cela s'est un peu imposé tout seul finalement. La plume fait référence à la fois à l'écriture, à celles des oiseaux qui s'envolent au loin, à celle que le vent souffle et emporte plus loin…Je voulais aussi un titre un peu générique pour avoir plus de liberté dans les sujets. Avec le recul, je pense cependant que ce titre n'est pas tout à fait assez explicite, mais il m'a quand même porté chance lui aussi.

Comment définirais-tu ton univers ?

Un espace de découvertes que j'aime partager avec enthousiasme, joie et douceur. J'y parle de mes voyages, de ma vie à Vienne, en Suisse, en France, de livres, de belles balades, et bien sûr de blogging.

Utilises-tu des logiciels de retouche photos et lesquels ?

Au début, j'utilisais Pic Monkey. Maintenant, pour le blog, seulement celui intégré à Google Photos. Sur Instagram, je complète avec celui de cette application.

Comment t'organises-tu pour tes publications, as-tu un planning très précis ?

Jusqu'ici, j'essayais de publier 2 articles par semaine, le mardi et le jeudi. Mais en laissant un peu de lest de temps en temps si je n'arrivais pas à suivre. Actuellement, je voudrais prendre un nouveau rythme : 1 semaine de 2 articles le mardi et le mercredi, et 1 semaine avec 1 article le mercredi. Autour des publications, j'ai plus une trame de travail qu'un planning précis, j'ai expliqué mon mode de fonctionnement dans un article sur mon organisation bloguesque.

Comment es-tu arrivé à te faire connaître ?

Le blog a un peu plus de 2 ans et j'ai consacré une bonne partie de la 2e année à essayer de lui donner de la visibilité : en participant à des échanges avec d'autres blogueurs (rendez-vous à thème, articles collaboratifs…), en développant d'autres réseaux sociaux autour du blog (page Facebook, Instagram..), en partageant les articles sur des groupes Facebook. Mais bien sûr en travaillant toujours en priorité sur le contenu. Communiquer autour du blog m'a aussi beaucoup intéressée et beaucoup appris.

Ton succès a démarré à quel moment, suite à quel article ?

C'est venu petit à petit, je ne peux pas dire que c'est lié à un article en particulier. Je me suis rendu compte d'abord que le blog avait du succès parce que j'ai commencé à rencontrer des personnes qui me disaient l'apprécier. C'était vraiment une (très bonne !) surprise de me rendre compte qu'il était lu attentivement.

Es-tu dans une Agence pour blogeuses, si oui laquelle ?

Où préfères-tu gérer tes partenariats seule ? Non, pas d'agence de blogeuses. Enfin, je crois que je me suis inscrite sur des plateformes, mais je ne les utilise pas. Je réponds plutôt à des propositions sur des groupes Facebook. Je pense que ces plateformes ne sont pas adaptées à des blogs de la taille du mien.

Fais-tu des articles sponsorisés ou de l'affiliation ?

Non, pas pour l'instant.

Acceptes-tu tous les partenariats que l'on te propose ?

Non, et en fait, je préfère quand c'est moi qui postule à des partenariats, cela me permet de mieux sélectionner ce que je souhaite pour le blog, et de mieux adapter à mon emploi du temps.

Comment vois-tu l'avenir, as-tu des projets ?

En ce moment, je suis en pleine réorganisation pour ne pas me laisser dépasser par mon blog, et continuer à lui donner la direction que je souhaite. J'espère continuer à nouer des partenariats qui plairont à mes lecteurs. Je pense aussi continuer sur la lancée de ce que j'ai déjà mis en place. J'aime aussi ne pas tout décider à l'avance et laisser de la place pour pouvoir participer à des propositions qui m'intéressent (comme, par exemple, à ce projet !).

Quels conseils donnerais-tu à quelqu'un qui souhaiterait lancer son Blog ?

Choisir le bon hébergeur, aimer écrire, y prendre du plaisir, être prêt à y passer du temps, être persévérant, s'intéresser au blogging de manière générale, être prêt à évoluer et à s'adapter.

Le mot de la fin c'est ?

Merci beaucoup pour cette interview, dont les questions m'ont permis de réfléchir à mes stratégies et de voir comment les améliorer. Et bienvenue sur le blog à tous les lecteurs qui souhaiteraient en savoir un peu plus sur la Plume d'Isandre.

Retrouve Plume d'Isandre ici: https://www.facebook.com/isandre1/ et là: https://isandreblog.com/

Les Chroniques de Yuuki

Quand as-tu ouvert ton blog et pourquoi ?

J'ai ouvert mon blog littérature en mai 2015, parce que l'écriture a toujours fait partie de moi, depuis mon plus jeune âge, avec la lecture. Je voulais partager mes impressions de lecture avec des gens qui me comprendraient et qui pourraient me conseiller d'autres livres à lire. Au fur et à mesure, mon univers s'est étendu à la beauté, parce que je suis une make-up addicte et à donner quelques conseils aux gens dans ma rubrique papotage.

Est-ce ta seule activité ?

Non ce n'est pas ma seule activité, je suis également à temps partiel agent de surveillance dans les musées de ma ville. Mon blog n'est pas monétisé pour l'instant, même si je commence à avoir 10 000 visites par mois environ.

D'où vient son nom ?

Mon blog se nomme les chroniques de Yuuki. Parce que j'écris des critiques littéraires et cinématographiques, ainsi que sur la beauté, dans la musique aussi et plus tard, quand je me sentirai prête ouvrir une nouvelle catégorie avec des écrits que j'ai moi-même rédigés. De courtes histoires, que, parfois, j'écris. Pour le « Yuuki » c'est mon pseudonyme tout simplement. Je l'ai et l'utilise depuis plusieurs années maintenant. Il vient de mon héroïne de Manga préférée.

Comment définirais-tu ton univers ?

C'est un univers littéraire, depuis toute gamine, je baigne dans les bouquins. J'adore lire, c'est une véritable passion chez moi. Il m'est arrivé de m'avaler des pavés de 600/700 pages dans la journée.

Utilises-tu des logiciels de retouche photos et lesquels ?

Oui, j'utilise Photoshop, le seul et l'unique !

Comment t'organises-tu pour tes publications, as-tu un planning très précis ?

Cela m'arrive d'écrire mes articles en avance, quand je sais que je vais partir en vacances par exemple. Sinon, vu que je poste une fois par semaine, le jeudi à 18h. J'essaye de me réserver le mardi pour avoir le temps de rédiger l'article, faire les recherches qui s'imposent et faire les photos. Pour ce qui est de promouvoir mon article, je le fais sur plusieurs jours, dans différents groupes sur Facebook. Suivant l'article, cela peut mettre deux heures, comme six à huit heures (aussi, je le fais sur deux jours, si l'article met plus de temps que prévu).

Comment es-tu arrivé à te faire connaître ?

À force de persévérance, en allant regarder ce que faisaient mes collègues blogeuses aussi, en leur laissant quelques commentaires. Et surtout, faire de la pub sur les groupes Facebook, partager un maximum sur les réseaux sociaux.

Ton succès a démarré à quel moment, suite à quel article ?

Il a commencé en décembre 2016, à la suite d'une critique cinématographique sur les Animaux Fantastiques, où j'ai commencé à avoir quelque 500/800 vues. Aujourd'hui, je tourne entre 8 000/10 000 vues au mois, avec un record de 17 601 vues il n'y a pas si longtemps (décembre 2017).

Es-tu dans une Agence pour bloggeuses, si oui laquelle ? Où préfères-tu gérer tes partenariats seule ?

Je ne suis pas du tout dans une agence de bloggeuse, je suis simplement inscrite sur Hivency (une plate-forme qui met en relation entreprise et influenceuse).

Fais-tu des articles sponsorisés ou de l'affiliation ?

J'ai fait un article sponsorisé avec Roger et Gallet (via Hivency), ils m'ont envoyé gratuitement des crèmes pour les mains, de mon côté, je m'engageai à dire ce que je pensais des produits en toute sincérité.

Acceptes-tu tous les partenariats que l'on te propose ?

Je n'accepte pas tous les partenariats qu'on me propose, pour une raison très simple : je veux que ça reste dans ma ligne éditoriale.

Comment vois-tu l'avenir, as-tu des projets ?

Dans l'avenir, je pense monétiser mon blog, à la fin de mes études de journalisme. En effet, mon projet professionnel, à long terme, est de devenir critique littéraire et cinématographique.

Les Blogs Voyage

- **Églantine Becquet**
- **Le Monde dans ma Valise**
- **Cécilou le Blog**

Églantine Becquet

Quand as-tu ouvert ton blog et pourquoi ?

Je l'ai ouvert en janvier 2017 suite à mon road trip de deux mois en Asie.

Est-ce ta seule activité ?

Non, à côté je suis mannequin et j'ai mon agence de publicité.

D'où vient son nom ?

Tout simplement de mes parents (rire) ! Je suis quelqu'un qui se lasse assez rapidement, alors en choisissant mon prénom & mon nom j'étais sûre de ne pas me louper

Comment définirais-tu ton univers ?

Je pense que c'est un mélange de voyage et de Lifestyle.

Utilises-tu des logiciels de retouche photos et lesquels ?

Oui Photoshop et Lightroom essentiellement.

Comment t'organises-tu pour tes publications, as-tu un planning très précis ?

Non pas pour le moment, mais mon objectif de 2018 est d'écrire deux articles par semaine.

Comment es-tu arrivé à te faire connaître ?

C'est par le biais d'Instagram que tout a commencé ! J'ai commencé par publier des photos de mannequinat et puis petit à petit j'ai commencé à voyager et à poster pas mal de photos.

Ton succès a démarré à quel moment, suite à quel article ?

Mon « succès » ne s'est pas fait suite à un buzz, mais plutôt suite à un long cheminement et à beaucoup de travail & de patience.

Es-tu dans une Agence pour blogeuses, si oui laquelle ? Où préfères-tu gérer tes partenariats seule ?

Non je ne suis pas dans une agence de blogeuses, je préfère tout gérer moi-même.

Fais-tu des articles sponsorisés ou de l'affiliation ?

Il m'est arrivé de faire 2/3 articles sponsorisés et jamais d'affiliation.

Acceptes-tu tous les partenariats que l'on te propose ?

Non absolument pas. Je choisis en fonction de mes goûts et mes envies. Je serai incapable de parler d'un produit si je ne l'apprécie pas.

Comment vois-tu l'avenir, as-tu des projets ?

Oh oui ! Pour 2018, je m'expatrie à Bali (en Indonésie) pour continuer l'aventure sur un autre continent !

Quels conseils donnerais-tu à quelqu'un qui souhaiterait lancer son Blog ?

Lances-toi ! Ne te poses pas trop de questions. Commence par le faire pour TOI, avant de le faire pour les autres (ou pour les produits).
Créé un blog qui te ressemble et essayes de ne pas trop aller voir ce que fais le voisin.

C'est important pour t'inspirer mais le but c'est selon moi de te créer ton univers à toi, c'est ça qui fera la différence.

Le mot de la fin c'est ?

ENJOY

Retrouve Églantine Becquet sur Instagram: https://www.instagram.com/eglantine_bcqt/ et ici: https://www.facebook.com/eglantinebecquet/ et là sur son Site: http://eglantinebecquet.com/

Le Monde dans ma Valise

Quand as-tu ouvert ton blog et pourquoi ?

J'ai ouvert mon blog en septembre 2016. Je voulais y partager ma passion et ma philosophie du voyage. Je vie une vie nomade depuis maintenant presque 5 ans, je souhaiterai aussi grâce au blog pouvoir faire partie de ceux qui font des entrepreneurs libre. Pouvoir gagner ma vie en faisant ce que j'aime et surtout pouvoir travailler de n'importe où dans le monde, à n'importe quelle heure du jour ou de la nuit.

Est-ce ta seule activité ?

En ce moment c'est ma seule activité car je suis en disponibilité de l'éducation nationale. J'ai ce statut depuis maintenant 5 ans. Cela me donne l'occasion de reprendre mon activité d'enseignante si je le souhaite par la suite. En revanche je ne perçois aucun revenu quel qu'il soit. J'espère donc pouvoir en dégager via le blog.

D'où vient son nom ?

Le monde dans ma valise. Je cherchais tout un tas de nom liés au voyage. Un de mes amis à proposer celui-là. Ce n'était pas forcément celui que je trouver me correspondre le mieux. J'ai fait un sondage auprès de mon entourage et c'est celui qui a remporté haut la main le plus de votes. Je l'ai donc gardé. Aujourd'hui il me plait beaucoup, et je trouve qu'il me donne la possibilité de parler de tout un tas de choses. C'est un titre ouvert.

Comment définirais-tu ton univers ?

Mon univers est celui d'une rêveuse. Une aventurière qui reste avant tout une fille. J'aime retrouver dans mon blog une touche féminine dans un univers de voyage en sac à dos souvent connoté « baroudeur ». Évidement je voyage seule avec mon sac à dos, mais je suis du genre à partir avec mes fringues préférés, voire une paire de talons si ça me chante. Je déteste les clichés. J'aime montrer que l'on peut voyager de la façon la plus simple, jusqu'à dormir par terre dans la jungle, et pour autant apprécier aussi le confort des endroits plus luxueux. L'image de mon blog est à l'image de ma vie. Je m'autorise toutes mes envies. Je dois avouer que je cherche encore une ligne éditoriale plus lisible pour mes lectrices.

Utilises-tu des logiciels de retouche photos et lesquels ?

Je retouche peu les photos. Ça me prends énormément de temps. Si je souhaite ajouter un filtre, j'utilise CANVA, un logiciel d'infographie gratuit et simple d'utilisation.

Comment t'organises-tu pour tes publications, as-tu un planning très précis ?

Dans l'idée j'aimerais avoir un planning précis. Décider de publier par exemple chaque mercredi … mais dans la réalité j'ai beaucoup de mal à m'y tenir. C'est mon objectif pour 2018: être constant et assidue sur le blog.

Comment es-tu arrivé à te faire connaître ?

Ça reste encore un mystère pour moi lorsque l'on me contacte pour un témoignage, un partenariat … Je pense que les réseaux sociaux permettent de mettre en avant le blog. J'ai une page Facebook « Le monde dans ma valise » ainsi qu'un compte Instagram. J'ai aussi un compte twitter mais j'ai plus de mal à y être active.

Ton succès a démarré à quel moment, suite à quel article ?

Je ne pense pas pouvoir parler réellement de succès au bout de si peu de temps. En revanche, l'article qui a le plus de succès sur le blog est l'un de mes premiers articles dans lequel je raconte mon histoire « Pourquoi j'ai tout quitté pour voyager ? »
La notoriété du blog augmente petit à petit. Je vise à fidéliser davantage mes lectrices et à augmenter la visibilité pourquoi pas grâce à des partenariats.

Es-tu dans une Agence pour blogeuses, si oui laquelle ? Où préfères-tu gérer tes partenariats seule ?

Je ne suis pas dans une agence pour blogueuse. À vrai dire je ne savais pas que cela existait. Pour le moment je gère tout toute seule, mais parfois j'ai l'impression de courir dans tous les sens. Pouvoir déléguer certaines parties je dois dire que si j'en avais les moyens ça me plairait bien.

Fais-tu des articles sponsorisés ou de l'affiliation ?

J'ai commencé l'affiliation, notamment avec Amazone. Pour le moment je n'en vois pas encore les bénéfices mais je pense que c'est une activité à envisager sur le long terme. De plus je ne voie cela que comme un complément mais en aucun cas la partie principale pour monétiser le blog. J'ai commencé les articles sponsorisés. Pour autant j'ai accepté des choses dans lesquelles j'avais carte blanche.

Acceptes-tu tous les partenariats que l'on te propose ?

Je ne pense pas tout accepter. J'ai besoin de liberté pour conserver mon authenticité. Je pense qu'un bon partenariat doit reposer sur la confiance mutuelle. Et doit être gagnant / gagnant. Je le fais si j'y vois un intérêt personnel, pour le blog ou mes lectrices.
Il y a aussi la question de la rémunération. Beaucoup de partenaire voient encore les blogueurs comme une solution pour avoir de la visibilité gratuite. J'aimerai que mon

Travail soit envisagé en termes de prestation presse. Donc pouvoir aussi avoir les retombées financières en adéquation avec un travail fourni.

Comment vois-tu l'avenir, as-tu des projets ?

Des projets j'en ai des tas. Aujourd'hui je réalise que le blogging est une activité passionnante, qui pour devenir un vrai métier nécessite du temps, beaucoup d'investissement personnel, énormément de travail. Et une grande patience. Je me pose la question de poursuivre cette activité en parallèle de mon métier d'enseignante pour avoir moins de pression quant à pouvoir en faire une source de revenus. Évidemment pour cette année, j'ai encore pas mal de voyages qui se profiles. Notamment pour agrémenter le blog, mais surtout parce que c'est ce qui m'anime.

Quels conseils donnerais-tu à quelqu'un qui souhaiterait lancer son Blog ?

D'être très patient et persévérant. D'écrire de façon authentique. De se construire un réseau de blogueurs.

Le mot de la fin c'est ?

« Croyez en vos rêves ils se réaliseront peut être. Croyez en vous, ils se réaliseront surement. » Martin Luther King.

Retrouve Caroline du Blog: Le Monde dans ma Valise ici: https://www.facebook.com/lemondedansmavalise/ et là: http://lemondedansmavalise.com/

Cécilou le Blog

Quand as-tu ouvert ton blog et pourquoi ?

J'ai ouvert mon blog en septembre 2017, le 1er septembre 2017 pour être exacte. C'était une idée que j'avais en tête depuis des années sans jamais avoir osé me lancer. J'ai toujours aimé l'écriture, qui reste ma première passion. Seulement, je voulais partager avec le monde, apporter ma petite touche. Le blog s'est alors présenté de lui-même, c'était le support idéal pour allier mes envies.

Est-ce ta seule activité ?

Non, je suis en parallèle étudiante en troisième année de Langue étrangères appliquées. À la rentrée prochaine si tout va bien, je serai en école de commerce pour mes deux dernières années.

D'où vient son nom ?

Pour la petite histoire, mon blog était tout d'abord nommé « Ceciliabroad » car je suis partie à l'étranger et cela représentait mon amour pour les voyages. Seulement mon blog est bien plus que des voyages, c'est littéralement mon monde, mon journal intime, et je souhaitai un nom qui me ressemble. J'ai donc opté pour Cecilou lorsque j'ai décidé de passer chez un hébergeur, qui est le surnom que me donne ma famille depuis que je suis petite, un nom qui me représente moi, entièrement.

Comment définirais-tu ton univers ?

Si je devais choisir quelques mots pour le définir ce serait : Doux pour le côté journal 2.0. On se retrouve entre nous sur un petit coin du web pour parler de tout et de rien et parfois c'est juste ce qu'il faut. Je dirai également Rêveur, je suis une amoureuse du monde, j'aime les voyages et les découvertes. C'est principalement des Blogs voyages qui m'ont donné ce côté rêveur et c'est ce que j'aimerai transmettre à travers mes articles. Mon dernier mot serait honnête, j'aime penser que tout repose dessus. C'est quelque chose qui me tient réellement à cœur et une des lignes conductrices de mon Blog.

Utilises-tu des logiciels de retouche photos et lesquels ?

Oui, j'utilise notamment Photoscape et Photofiltre. Mais un de mes objectifs pour 2018 est de réussir à utiliser Photoshop que je viens d'acquérir.

Comment t'organises-tu pour tes publications, as-tu un planning très précis ?

Pour le moment, je publie un article par semaine. Pour les thèmes j'avoue me laisser porter par le temps au gré de mes envies et de mes idées.

Comment es-tu arrivé à te faire connaître ?

Mon blog étant très récent, il n'est pas aujourd'hui vraiment connu. Seulement, je pense que le partage avec nos lecteurs est une chose essentielle. Prendre le temps de répondre aux commentaires que ce soit sur le blog ou sur mes différents réseaux sociaux. De plus, j'essaye de penser en tant que blogeuse qui aime avoir des retours sur ce qu'elle fait, c'est pour cela que

Dès que j'ai un petit peu de temps je passe sur celui des copines laisser un petit mot. Je navigue aussi beaucoup sur Hellocoton afin de découvrir de nouveau univers. Mine de rien, tout cela aide bien.

Ton succès a démarré à quel moment, suite à quel article ?

Je ne sais pas si je pourrai parler de succès, mais l'article le plus lu de mon blog a été celui de ma rétrospective de mon année 2017 fin décembre.

Es-tu dans une Agence pour blogeuses, si oui laquelle ? Où préfères-tu gérer tes partenariats seule ?

Non je n'ai pas d'agence, je préfère rester libre de gérer mes partenariats seule pour le moment.

Fais-tu des articles sponsorisés ou de l'affiliation ?

Non, je ne fais pas encore d'articles sponsorisées ni d'affiliation sur le blog. C'est quelque chose qui reste envisageable pour la suite à certaines conditions. Notamment celle de la transparence envers mes lecteurs.

Acceptes-tu tous les partenariats que l'on te propose ?

Je n'ai pour le moment eu qu'une proposition de partenariat avec une marque de montre que j'ai accepté car la façon de travailler ensemble me convenait. Seulement non, je n'accepterai pas tous les partenariats. Mon but est de rester sincère et entière face à mes lecteurs. Si un produit me plait, si l'image de la marque ainsi que ses valeurs suivent mon univers et mes propres valeurs, alors ça sera un grand oui ! Sinon, c'est que ce partenariat n'était pas fait pour moi.

Comment vois-tu l'avenir, as-tu des projets ?

J'ai en effet de nombreux projets que j'espère pouvoir mettre en place cette année. J'espère pouvoir ouvrir un club de lecture avant la fin de l'année car j'aimerai échanger

Encore plus avec mes lecteurs, sur des sujets variés. Bien évidemment, je souhaiterai faire grandir ce bébé blog que je tiens depuis 4 mois et qui prend déjà une très grande

Place dans ma vie. J'espère pouvoir agrandir ma petite communauté et partager encore et toujours des jolies choses. À titre plus personnel mais toujours un petit peu lié, j'aimerai me lancer dans l'écriture de mon premier roman, un rêve de gamine qui j'espère prendra forme en 2018.

Quels conseils donnerais-tu à quelqu'un qui souhaiterait lancer son Blog ?

De foncer sans se poser de questions ! Je m'en suis posée pendant des mois et des mois à peser le pour et le contre et finalement c'est une des meilleures décisions que j'ai prise. Ce n'est pas facile tous les jours mais cela en vaut largement la peine. De la bonne volonté, de bonnes idées, une petite dose d'amour et le tour est presque joué, alors à vos claviers !

Le mot de la fin c'est ?

Mon petit mot pour la fin serait que jusqu'à présent ma petite aventure sur la blogosphère ne m'a apporté que du bien, des jolies rencontres, de jolies découvertes. En espérant que cela continue encore et encore. Sans oublier un grand merci à toi pour cet évènement vraiment trop chouette et merci à toi de me permettre d'y participer.

Les Blogs Gastronomie

- **Papilles & Pupilles**
- **Like a Cookie**
- **Cuisine & Nutrition**
- **Miam, mes Inventions à manger**
- **Papa en Cuisine**

Papilles & Pupilles

Quand as-tu ouvert ton blog et pourquoi ?

J'ai ouvert Papilles et Pupilles en juin 2005 car mes enfants avaient des allergies alimentaires. J'ai commencé par surfer sur le net pour trouver comment les nourrir avant d'ouvrir mon blog.

Est-ce ta seule activité ?

Mon activité tourne autour de Papilles et Pupilles. Cela va de la création de recettes à l'écriture de livres de recettes ou voyage en passant par les chroniques radios ou le consulting en communication digitale.

D'où vient son nom ?

J'aime quand c'est beau et bon ;) D'où Papilles et Pupilles.

Comment définirais-tu ton univers ?

Je propose des recettes simples et gourmandes, de celles qui répondent à la question : Mais qu'est-ce que l'on mange ce soir ?

Utilises-tu des logiciels de retouche photos et lesquels ?

Je fais très peu de retouche photo. J'utilise uniquement la fonction native de mon MacBook.

Comment t'organises-tu pour tes publications, as-tu un planning très précis ?

Je n'ai pas de planning très précis, je n'ai pas vraiment de recettes d'avance. Tout cela est très spontané.

Comment es-tu arrivé à te faire connaître ?

Je n'ai pas cherché à me faire connaître, c'est juste arrivé.

Ton succès a démarré à quel moment, suite à quel article ?

Cela a été progressif mais j'ai eu beaucoup d'articles dans la presse quand j'ai gagné le prix du meilleur blog cuisine décerné par le magasine ELLE en 2008.

Es-tu dans une Agence pour blogeuses, si oui laquelle ? Où préfères-tu gérer tes partenariats seule ?

Je ne fais pas de partenariats. Je gère les propositions de travail seule.

Fais-tu des articles sponsorisés ou de l'affiliation ?

Je fais de la création de recettes. Côté affiliation, j'ai un compte Amazon qui me permet d'acheter quelques livres par an.

Acceptes-tu tous les partenariats que l'on te propose ?

Je jette 99% des propositions reçues.

Comment vois-tu l'avenir, as-tu des projets ?

Je ne sais pas trop ce que sera demain. Encore plus de vidéos certainement, raison pour laquelle c'est en projet pour moi. Et puis aussi un livre de recettes.

Quels conseils donnerais-tu à quelqu'un qui souhaiterait lancer son Blog ?

Soyez sincères et travaillez beaucoup.

Le mot de la fin c'est ?

Plaisir ! L'important c'est de faire et se faire plaisir.

Like a Cookie

Quand as-tu ouvert ton blog et pourquoi ?

Like a Cookie a vu le jour le 26 avril 2016 avec un article spécial cookies of course ! Je pense que ce n'était qu'une question de temps, je venais de découvrir quelques mois plus tôt que j'étais réellement passionnée par le milieu de la pâtisserie. Je suis une grande amoureuse de la nourriture en général mais j'avais jamais pris la peine d'y accorder de l'importance. Et c'est quand je suis allée au Meurice après plus d'un an d'attente pour enfin goûter la célèbre noisette créée par Cédric Grolet que j'ai eu un déclic. Avant qu'il y ai toute l'effervescence qu'il peut y avoir aujourd'hui là-bas, dû à sa renommée, j'ai eu l'opportunité de discuter avec le Chef. On a forcément parlé pâtisserie ensemble et à un moment il a dit, c'est drôle "ça me rappelle moi quand j'étais jeune" et des encouragements pour me lancer. La semaine d'après, j'étais à nouveau là-bas pour lui faire goûter ma version de la noisette, un one shot sans prétention. J'ai visité les cuisines, je suis repartie avec un cookie (c'était un signe). Il m'a même fait un retour sur Instagram et à partir de là je me suis dit okay, c'est bon j'y vais ! Je me lance et bim Like a Cookie était créé.

Est-ce ta seule activité ?

Non, je suis du genre multifonction. J'aime le fait d'être une touche à tout, de pouvoir faire des choses diverses et variées. Même si en soit, le fait de tenir un blog basé sur la pâtisserie permet de découvrir constamment les nouvelles collections des chefs, créer des gâteaux à longueur de journée, organiser les shootings, écrire les articles, être sur les salons etc. Je suis une grande curieuse et par-dessus tout j'adore apprendre. À côté je travaille pour des clubs de voyage privé, je pars d'ailleurs m'installer au Portugal. J'ai fait de la comédie musicale pendant 3 ans puis un peu de cinéma, j'ai été modèle aussi. Bref une touche à tout...

D'où vient son nom ?

De mon amour pour les Cookies, bon aussi parce que mon chat s'appelle Cookie. Je suis vraiment une accro de ce biscuit avec ses morceaux de chocolats. Je pourrais en manger tous les jours et quand par derrière il y a la chanson Cool Kids d'Echosmith qui passe et que tu

Chantes Like a Cookie à la place bah voilà ça donne le nom du blog... Parfois il n'en faut pas beaucoup. ;D

Comment définirais-tu ton univers ?

Je dirais que c'est un univers doux et sucrée. La pâtisserie c'est beaucoup d'amour avant tout, c'est de la patience, des tempérages, des temps de repos. C'est assez marrant parce que dans la vie de tous les jours la patience et moi ça fait plutôt deux... Pourtant quand je me mets en cuisine, je peux y passer des heures à remuer, m'imprégner des parfums qui s'en dégagent ou encore passer du temps devant le four à regarder les gâteaux levés. J'ai envie que les gens arrêtent de penser qu'ils ne peuvent pas réaliser de super gâteaux. Je ne dis pas que c'est fait pour tout le monde mais avec Like a Cookie j'ai envie de montrer qu'on peut faire des gâteaux beaux et bons sans chichi.

Utilises-tu des logiciels de retouche photos et lesquels ?

J'utilise Photoshop et Lightroom mais j'ai très vite collaboré avec Océane, une photographe culinaire. J'avais envie de jolies photos et elle recherchait des modèles gourmands. On a fait un essai, ça a de suite matché et c'est devenu une habitude de travailler ensemble sur diverses créations. Nous avions la chance d'avoir un studio à disposition avec une cuisine, le vrai truc de pro. C'était que du bonheur de pouvoir travailler là-bas, échanger et voir évoluer les choses. Maintenant avec mon déménagement pour Lisbonne, je vais devoir me remettre à la photo culinaire. Le bon moment pour éventuellement amener un nouveau style et un vent de fraicheur sur le blog.

Comment t'organises-tu pour tes publications, as-tu un planning très précis ?

J'ai eu un planning très précis avec une recette par semaine jusqu'à l'année dernière. J'ai eu l'occasion de pas mal voyager, visiter 12 pays différents donc je n'avais pas autant de temps que je le voulais pour Like a Cookie. Je me suis enrichie différemment en découvrant des recettes des 4 coins du globe. Je pense reprendre un rythme régulier quand je serais installée dans mon nouveau chez moi. Peut-être un article par mois ou deux avec une création personnelle et un basique pour ceux qui souhaitent apprendre les bases. Dans le blogging, je pense qu'il vaut mieux faire moins et mieux plutôt que de vouloir trop en faire et s'y perdre.

Comment es-tu arrivé à te faire connaître ?

En me considérant légitime à mon blog. J'ai osé parler de ce que je faisais, je ramenais des petits gâteaux divers à des ateliers, faire goûter aux voisins, aux amis etc. C'est toujours un bon début, puis après on rencontre des personnes qui connaissent un tel et les rencontres aident beaucoup. De cette façon j'ai pu rencontrer Benoît Couvrand qui m'a accordé plus d'une heure de son temps, quand on sait qu'il travaille aux côté de Cyril Lignac et gère en bonne partie toute la production de leurs boutiques, c'est énorme d'avoir cette chance. Ça m'a permis aussi de prendre conscience de ce que je voulais ou non.

Comme ne pas passer un CAP parce que je veux continuer à créer mes entremets et non pas réaliser ceux de quelqu'un d'autre. Il faut parler de ce qu'on fait et le partager avec notre entourage, sur les réseaux etc, il y aura toujours quelqu'un qui sera intéressé et vous apportera beaucoup.

Ton succès a démarré à quel moment, suite à quel article ?

Sucrément Bon, m'a pas mal aidé en partageant mon article sur la Boutique Fou de Pâtisserie que j'adore. Après je dirais que c'est de l'entretient, du bouche à oreille, ne pas avoir peur de parler de ce que l'on fait. Je sais que je suis la première à garder mes projets pour moi et aujourd'hui je me suis rendue compte qu'il ne faut pas avoir peur de laisser son lien ou contacter quelqu'un avec qui il serait intéressant de travailler. Aujourd'hui les groupes Facebook aident aussi pas mal, ainsi que Youmiam, une application que j'adore et qui est top pour s'inspirer pour les repas du matin jusqu'au soir. Avoir également participé à la première saison des Rois du gâteau sur M6 au côté de Cyril Lignac m'a aussi apporté de belles rencontres et des jolies collaborations avec divers marques dans le domaine de la pâtisserie.

Es-tu dans une Agence pour blogeuses, si oui laquelle ? Où préfères-tu gérer tes partenariats seule ?

Non je gère mes partenariats toute seule. Ça me permet de choisir avec qui je veux vraiment travailler. Je peux également garder la main sur le contenu en publiant ce qui m'intéresse et ce que j'aime.

Fais-tu des articles sponsorisés ou de l'affiliation ?

Pas pour le moment ! Peut-être que j'y viendrais par la suite parce qu'il ne faut pas se mentir c'est un moyen aussi de faire connaître un peu plus son travail et de gagner de l'argent. C'est souvent un sujet tabou, cependant c'est normal à un moment d'obtenir du résultat et ça ne change rien pour les lecteurs en soit, ça nous permet juste à nous, blogeuses, de gagner quelques sous par-ci, par-là. Et pourquoi ne pas commencer à vivre de sa passion.

Acceptes-tu tous les partenariats que l'on te propose ?

Non je n'accepte pas tous les partenariats que l'on me propose. Il faut savoir rester dans sa niche et avoir un contenu qui nous ressemble. J'étudie toujours la demande, ce que ça comporte et ce que la marque attend en échange. Je n'ai pas envie d'avoir a changé mon contenu ou faire un genre de pub trop poussé. En principe je travaille avec des marques que j'utilise déjà au quotidien comme Silikomart par exemple avec qui j'ai décroché un super partenariat. Encore une fois je préfère être très sélective et prendre du plaisir à en parler plutôt que de s'éparpiller et au final ne même pas être emballée.

Comment vois-tu l'avenir, as-tu des projets ?

Olala, il y a tellement de choses. Je souhaite une longue et belle vie à Like a Cookie ça c'est obligé (ahah) ! Prochainement je vais être ambassadrice pour la Sugar Paris (salon sur le Cake Design), c'est une super opportunité, un nouveau public, des défis pour prendre conscience une

nouvelle fois de son niveau et puis qui sait peut-être des projets qui suivront. L'envie de créer un livre est présente depuis le début et j'espère que ce projet pourra aboutir dans les années à venir. Et pour la suite après un tour du monde.

J'espère trouver mon bonheur afin d'ouvrir une maison d'hôtes et ainsi pouvoir partager davantage ma cuisine et ma pâtisserie. Pourquoi pas également dispenser des master class, ça fait partie de mes gold concernant Like a Cookie.

Quels conseils donnerais-tu à quelqu'un qui souhaiterait lancer son Blog ?

De se lancer ! Un blog c'est du partage, il faut le faire quand on en ressent vraiment l'envie. Qu'on se sent assez mature pour transmettre quelque chose, je le ressens comme ça pour ma part. On ne blog pas pour l'argent, d'ailleurs si l'on souhaite se lancer dans le blogging en pensant devenir riche du jour au lendemain, c'est un gros doigt dans l'œil. Les gens oublient souvent que c'est du temps, du temps et encore du temps avec une bonne dose de travail. Il ne faut pas avoir peur d'y consacrer des heures. Après tout quand on aime, on ne compte pas ! Au final on y gagne beaucoup et on apprend énormément sur nous même, ce n'est pas tous les jours facile mais c'est du bonheur et ça en vaut le coup. Un dernier conseil pour la route, je dirais qu'il faut s'entourer des bonnes personnes, qui sauront vous encourager tout au long de cette aventure et vous apporter un avis extérieur.

Le mot de la fin c'est ?

Il faut croire en ses rêves et se battre pour les réaliser, ne jamais renoncer et toujours y prendre du plaisir. Ça ne sera pas tous les jours faciles, mais ça vaut tous les moments de joies, de bonheur et de fierté qui suivront ! Et j'en profite aussi pour dire un grand merci à Louisa pour sa confiance et cette jolie opportunité.

Retrouve Like a Cookie ici: https://www.facebook.com/likeacookie/ et là: http://likeacookie.com/

Cuisine & Nutrition

Quand as-tu ouvert ton blog et pourquoi ?

Mon blog a été créé en Mars 2017.

Est-ce ta seule activité ?

Non.

D'où vient son nom ?

Cuisine & Nutrition le nom qui définit tout simplement les messages que je partage avec mes lecteurs même si une fenêtre est ouverte sur le bien-être le blog est centré sur la cuisine et la nutrition.

Comment définirais-tu ton univers ?

Simple et naturel.

Utilises-tu des logiciels de retouche photos et lesquels ?

Je n'utilise pas d'application pour retoucher les photos, j'utilise la lumière du jour comme éclairage et c'est parfait.

Comment t'organises-tu pour tes publications, as-tu un planning très précis ?

Je publie deux (2) articles par semaine (Mercredi & Dimanche) mais il m'arrive de ne pas respecter ce t'engagement.

Comment es-tu arrivé à te faire connaître ?

Les réseaux sociaux m'ont été un véritable atout spécialement Facebook où j'ai la possibilité de publier dans les groupes et mon groupe de partage de nourriture Facebook a été un grand avantage.

Ton succès a démarré à quel moment, suite à quel article ?

Le déclic c'était un article sur la cure Détox, et beaucoup ont aimés.

Es-tu dans une Agence pour bloggeuses, si oui laquelle ? Où préfères-tu gérer tes partenariats seule ?

Je ne suis pas dans une agence de bloggeuse, Pour l'instant je préfère les gérer toute seule.

Fais-tu des articles sponsorisés ou de l'affiliation ?

Je n'ai pas encore eu de propositions pour l'instant je viens d'avoir un partenariat pour écrire un article affilé.

Acceptes-tu tous les partenariats que l'on te propose ?

Seulement les partenariats qui rentrent dans les thèmes de mon blog.

Comment vois-tu l'avenir, as-tu des projets ?

Le next step c'est devenir une bloggeuse Pro et me consacrer à temps plein à, ma passion à travers mon Blog et plein d'autres projets en cours.

Quels conseils donnerais-tu à quelqu'un qui souhaiterait lancer son Blog ?

Tout d'abord il faut avoir l'amour, une connaissance sur le thème choisit pour lancer son blog, ensuite l'envie de partager, créer un lien et avoir le temps pour les lecteurs.

Le mot de la fin c'est ?

Le blogging m'a permis d'avoir une ouverture d'esprit, acquérir des connaissances, stimuler ma créativité, sortir de ma zone de confort et apprendre me connaitre.

Miam, mes Inventions à Manger

Quand as-tu ouvert ton blog et pourquoi ?

J'ai ouvert mon blog en septembre 2015. C'était, au départ, le moyen de communiquer mes recettes de cuisine à mon entourage qui me les demandait souvent. Assez rapidement j'ai commencé à avoir pas mal de gens qui me suivaient sur les RS. C'est là que j'ai commencé à envisager un tournant professionnel.

Est-ce ta seule activité ?

Plus ou moins. Grâce à la crédibilité que le blog m'a permis d'acquérir, je suis en train de développer un service de traiteur et de vente de gâteaux.

D'où vient son nom ?

Le nom m'est venu comme une évidence. Je l'ai trouvé très vite, sans réfléchir. En même temps ce n'est pas surprenant, le mot « miam » est l'un des premiers mots que prononce un bébé. L'acronyme est venu tout de suite après : Mes Inventions À Manger.

Comment définirais-tu ton univers ?

Je travaille de chez moi, dans ma cuisine, tout ce que je fais est donc très artisanal. Mais je suis en perpétuelle recherche, je regarde et je lis tout ce que je trouve sur le sujet, que ça touche de près ou de loin à l'alimentation. J'aime m'inspirer de la cuisine de grands chefs étoilés français, comme de celle de mères de famille japonaises, que je suis sur les réseaux sociaux. Mon univers est donc un joyeux mélange de tout ça avec une volonté de rester dans la simplicité, dans une cuisine accessible.

Utilises-tu des logiciels de retouche photos et lesquels ?

Oui bien sûr. Je suis une ancienne graphiste donc Photoshop est mon allié mais je me forme petit à petit à la photo afin de l'utiliser de moins en moins. J'aime travailler en lumière naturelle, les résultats sont toujours beaucoup plus poétiques. Malheureusement, l'hiver, c'est un peu compliqué à Paris.

Comment t'organises-tu pour tes publications, as-tu un planning très précis ?

Je n'ai aucun planning ! Je publie quand j'en ai envie et quand j'ai le temps. Je tiens à conserver cette spontanéité inhérente au format du blog. Après avoir travaillé longtemps en presse magazine, j'apprécie cette liberté.

Comment es-tu arrivé à te faire connaître ?

Ma réputation s'est faite toute seule, petit à petit. Je suis toujours très surprise lorsqu'un inconnu me dit qu'il me connait et qu'il connait mon blog. Il faut dire que j'ai eu l'occasion de faire plusieurs passages à la télévision en tant que chroniqueuse saveur. Mon visage n'est donc plus complètement inconnu.

Ton succès a démarré à quel moment, suite à quel article ?

Il n'y a pas eu de point de départ précis. Les choses se sont faites progressivement. J'ai pas mal travaillé ma réputation sur les réseaux sociaux. Je suis une grande passionnée de Facebook et depuis peu d'Instagram dont j'apprécie le principe de photo/légende très direct et la puissance des hashtags.

Es-tu dans une Agence pour blogeuses, si oui laquelle ? Où préfères-tu gérer tes partenariats seule ?

Je ne suis dans aucune agence et je fais peu de partenariats. J'ai encore du mal à m'imaginer accepter des « commandes ». Pourtant, il faudrait que je m'y mette sérieusement car c'est une source de revenus non négligeable.

Fais-tu des articles sponsorisés ou de l'affiliation ?

Pour les mêmes raisons, les articles sponsorisés ne m'intéressent pas plus que ça. Je serais plus tentée par des placements de produits sur mes vidéos de recettes.

Acceptes-tu tous les partenariats que l'on te propose ?

Pour que j'accepte un partenariat, il faut que je sois convaincue par le produit et/ou la marque. En cuisine, le principal enjeu, à mon avis, est de parler de marques et de produits qu'on assume. Je suis plutôt exigeante sur la qualité et sur les sujets importants qui touchent à l'industrie alimentaire (aliments ultra transformés, additif alimentaires, circuits de distribution, etc).
Malheureusement ce sont généralement les gros industriels qui ont le plus de budget.

Comment vois-tu l'avenir, as-tu des projets ?

Je suis en train de lancer ma marque de gâteaux faits maison, avec du vrai beurre, de la farine bio, et des œufs de poules qui ont couru dans l'herbe. Pour l'instant seuls les ingrédients principaux sont bios mais je compte progresser dans cette démarche petit à petit. Je suis en contact avec La ruche qui dit oui dans l'objectif, à terme, de ne me fournir qu'auprès de petits producteurs locaux.

Quels conseils donnerais-tu à quelqu'un qui souhaiterait lancer son Blog ?

Le conseil que je pourrais donner à quelqu'un qui veut se lancer c'est de se faire plaisir. Le blog, c'est vraiment l'occasion d'explorer ses passions, de se former en permanence à ce qu'on aime le plus, et de trouver son propre chemin. Mais il ne faut pas avoir peur de bosser ! C'est vraiment un travail à plein temps.

Le mot de la fin c'est ? Bon appétit !

Papa en Cuisine

Quand as-tu ouvert ton blog et pourquoi ?

J'ai ouvert ma page Facebook en juin 2014 par hasard, le Blog " Papa en Cuisine" a suivi pour laisser une trace de ce que je mettais sur les réseaux sociaux.

Est-ce ta seule activité ?

Oui.

D'où vient son nom ?

Je viens du Marketing à la base et de la presse, je cherchais un nom à la fois simple à retenir mais qui me corresponde également…je suis papa, j'ai des enfants et donc "Papa en Cuisine" est venu naturellement.

Comment définirais-tu ton univers ?

Des recettes simples et faciles à réaliser où il est facile pour tout le monde de trouver les ingrédients à l'épicerie du coin.

Utilises-tu des logiciels de retouche photos et lesquels ?

Oui Photoshop pour le montage des miniatures de mes vidéos et Lightroom juste pour la lumière et le contraste.

Comment t'organises-tu pour tes publications, as-tu un planning très précis ?

J'aimerais bien mais ce n'est pas le cas, pas d'organisation précise.

Comment es-tu arrivé à te faire connaître ?

Par le lien qui s'est créé entre moi et les personnes qui me lisent et le bouche à oreilles !

Ton succès a démarré à quel moment, suite à quel article ?

Avec une recette bien sûr même si celle-ci n'est pas ma préférée mais à l'époque j'étais le seul à l'avoir réalisée ce qui m'a apporté un nombre considérable de vues, c'était un sapin de Noël en pâte feuilletée.

Es-tu dans une Agence pour blogeuses, si oui laquelle ? Où préfères-tu gérer tes partenariats seul ?

Je suis dans une agence pour Blogeur " Reech " mais je gère seul mes partenariats, il m'appartient de prendre les décisions, je ne pourrais pas faire par exemple une vidéo sur de la déco car mon univers c'est la cuisine et cela manquerait de cohérence enfin pour moi.

Fais-tu des articles sponsorisés ou de l'affiliation ?

Oui.

Acceptes-tu tous les partenariats que l'on te propose ?

Non, j'essaie de rester dans l'univers de la cuisine.

Comment vois-tu l'avenir, as-tu des projets ?

À la fois beaucoup et pas trop, je ne sais pas ce que je ferais l'année prochaine et j'aime la spontanéité des situations, le hasard, les personnes que l'on rencontre et qui vont te proposer un truc qui va t'emballer, je fonctionne au feeling aussi.

Quels conseils donnerais-tu à quelqu'un qui souhaiterait lancer son Blog ?

Ne rien attendre et le faire par passion avant tout, si on le fait pour avoir un nombre de beaucoup de followers mais sans désir et passion cela se ressentira et ça ne marchera pas.

Le mot de la fin c'est ?

La vie réserve de belles surprises même si on pense avoir des projets, la vie nous fait prendre les choses comme elles viennent avec le cœur.

Les Blog Beauté

- **Carnet d'une Brune**

Carnet d'une Brune

Quand as-tu ouvert ton blog et pourquoi ?

Cette question me fait toujours sourire, mais pour raconter rapidement l'histoire, à la base je tenais seulement mon compte Instagram @carnetd1brune sur lequel je partageais pleins de choses grâce aux photos mais j'y ajoutais toujours une description énorme. Pour l'anecdote, il m'arrivait même très souvent de devoir raccourcir et même supprimer des phrases car il y avait trop de caractères pour être publié. De fil en aiguille, ma communauté m'a conseillé de devenir « YouTubeuse » en me disant chaque jour que je pourrais devenir une excellente YouTubeuse… Mais bon, parler devant une caméra ne me ressemble pas vraiment, je préfère écrire. Alors m'est venue l'idée de créer un blog et il fêtera bientôt ses 1 an.

Est-ce ta seule activité ?

Le blogging est mon activité principale mais je tiens toujours mon compte Instagram @carnetd1brune sur lequel mon contenu a évolué depuis que j'ai mon blog mais il est toujours présent.

D'où vient son nom ?

Je n'ai pas vraiment réfléchi au nom « Carnet d'une brune » de mon blog. Il est venu presque tout seul car je prépare toujours tous mes articles dans des petits carnets et puis, sans grande surprise, je suis brune. Quand on connait l'explication ce nom n'est plus vraiment très original.

Comment définirais-tu ton univers ?

Il m'est difficile de définir mon univers car mon blog, c'est un peu comme un gros bocal dans lequel je rassemble tout ce que j'aime : De la beauté, de la mode, mais aussi de la cuisine, des articles « humeur », des conseils, mes voyages… C'est mon petit monde !

Utilises-tu des logiciels de retouche photos et lesquels ?

Non, je n'utilise pas de logiciels de retouche photos. Belles au naturelles !

Comment t'organises-tu pour tes publications, as-tu un planning très précis ?

J'établis un planning sur un agenda papier tout simplement. Je poste tous les mercredis, et dimanches, donc je sais que j'ai deux articles à publier par semaine. L'important c'est surtout de prendre de l'avance et ensuite ça va tout seul. J'essaye toujours d'avoir environ 1 mois d'articles d'avance à chaque fois. Cela me permet de ne pas me mettre de pression et de produire mon contenu lorsque j'ai le temps et l'envie.

Comment es-tu arrivé à te faire connaître ?

Je ne sais pas si je peux dire que je suis connu mais je pense que le secret se situe dans ce que tu aimes vraiment faire.

Ton succès a démarré à quel moment, suite à quel article ?

Comme dit précédemment je ne sais pas si je peux déjà parler de succès. Je n'ai pas d'article « buzz ».

Es-tu dans une Agence pour blogeuses, si oui laquelle ? Où préfères-tu gérer tes partenariats seule ?

Pour le moment j'ai fait le choix de ne pas être dans une agence de blogueuse. Ainsi, je peux gérer comme je veux, comme j'en ai envie.

Fais-tu des articles sponsorisés ou de l'affiliation ?

Non je n'en fais pas, du moins pas pour le moment.

Acceptes-tu tous les partenariats que l'on te propose ?

Accepter tous les partenariats me semble ridicule, surtout quand je vois ce qu'on me propose parfois.

Comment vois-tu l'avenir, as-tu des projets ?

Je suis plutôt du genre à vivre au jour le jour, je n'ai pas de projet spécial par rapport à mon blog.

Quels conseils donnerais-tu à quelqu'un qui souhaiterait lancer son Blog ?

Crois en toi, ne renonce pas à tes rêves et surtout, amuses-toi ! Le blogging doit être une passion, un refuge, une petite bulle d'oxygène. Hors de question de se forcer à écrire un article pour coller à son programme.

<u>Le mot de la fin c'est ?</u>

Merci à toi de m'avoir accueilli sur ton blog ! C'est toujours un plaisir de parler de son activité et de partager sa passion ☺ Bisous !

<u>Les Blogs Lifestyle & Famille</u>

- **Maman Plume**
- **Les Perles de Maman**
- **La Boîte à Concours**
- **Biches à Oreille**
- **Loulou & Bouboune**
- **Les Tribulations d'une Trentenaire Célibataire**
- **Cachemire & Soie**
- **Les Bridgets**
- **Merci pour le Chocolat**
- **Bienvenue chez Véro**
- **Le Petit Monde de NatieAk**
- **Ma Vie de Mamou**
- **Golden Wönderland**
- **Pearlbox**

- **Adeline la Petite Maligne**
- **Une Maman 10 Trucs**
- **Laetiboop**
- **French Pipelette**
- **Le Blog de Maman Débrouille**
- **Inclassable**

Maman Plume

Quand as-tu ouvert ton blog et pourquoi ?

Depuis la naissance de mon fils en 2011, je suis différents blogs de maman. J'ai toujours admiré leurs jolis textes, leurs anecdotes et leurs conseils.

En tant que lectrice, c'est top de pouvoir se retrouver et se rentre compte que nous ne sommes pas seules dans certaines circonstances de notre vie de maman…

Me voyant hésitante, Papa Plume et une copine m'ont encouragée à me lancer à mon tour.

J'ai donc ouvert mon blog en 2016 après des mois et des mois de réflexion et d'hésitation !

Est-ce ta seule activité ?

J'ai démarré le blog durant un congé parental. Aujourd'hui, le blog n'est pas ma seule activité, je bosse à mi-temps. Mon second mi-temps c'est le blog et ma vie de famille.

J'adore ce compromis et pouvoir faire ce que j'aime !

D'où vient son nom ?

Mon blog est nommé « le Blog de Maman Plume », c'est un peu une partie de moi car je me considère un peu comme une mère poule.

Assez protectrice envers mes enfants, j'avoue les couver trop et en même temps j'aime le mot plume pour la douceur qu'il dégage. C'est pour moi la définition de toutes les mamans : douce, protectrice…

Comment définirais-tu ton univers ?

Je décrirais mon univers comme étant sans prise de tête, je veux que mes articles soient toujours positifs et puissent apporter quelques choses.

Mon blog se veut familial, où les mamans et papas peuvent s'y retrouver facilement.

Utilises-tu des logiciels de retouche photos et lesquels ?

Pour retoucher les photos et réaliser différents montages, j'utilise Photoshop. Sans cet outil j'avoue que je serais perdue.

Celui-ci me permet de faire mes visuels d'articles, de concours ou autres….

Comment t'organises-tu pour tes publications, as-tu un planning très précis ?

Même si j'essaye de l'être, j'avoue ne pas être super organisée. Oui j'ai un agenda pour certains engagements pris, comme des rendez-vous ou des dates de concours. Mais pour le reste, c'est au feeling et selon mon humeur, je ne veux pas me prendre la tête et me mettre des obligations.

Le blog est pour moi avant tout un plaisir, une passion et non une obligation !

Comment es-tu arrivé à te faire connaître ?

Je n'ai pas de formule magique pour se faire connaître. Je pense qu'il ne faut pas être pressé et laisser le temps au temps.

Se mêler aux différents groupes Facebook, parler aux autres bloggeurs et ne pas hésiter à participer aux différentes manifestations sur le web aide pas mal.

Ton succès a démarré à quel moment, suite à quel article ?

Mon blog a connu une évolution que je qualifierais de progressive, il n'y a pas eu un article en particulier qui m'a fait sortir du lot.

Es-tu dans une Agence pour blogeuses, si oui laquelle ? Où préfères-tu gérer tes partenariats seule ?

Je ne suis dans aucune agence de bloggeuses. Je gère mes partenariats TOTALEMENT seule. Je n'aime pas faire comme tout le monde et suivre bêtement, je veux être libre de publier ce que je veux et quand je veux. Être dans une agence peut parfois avoir certaines contraintes et engagements…

Fais-tu des articles sponsorisés ou de l'affiliation ?

Il m'arrive parfois de faire des articles sponsorisés. Difficile de refuser de mettre un peu de beurre dans ces épinards…, d'autant que je ne bosse qu'à mi-temps. Je refuse cependant ¾ des demandes qui ne correspondent pas au blog.

Sur le blog, les articles sponsorisés sont indiqués aux lecteurs à la fin de l'article et mon avis reste toujours mon avis et non un texte imposé.

Acceptes-tu tous les partenariats que l'on te propose ?

Je n'accepte pas tous les partenariats que l'on me propose. Je refuse systématiquement tous les concours qui sont proposés à plusieurs blogs en même temps, à la chaîne. J'aime l'originalité et les concours qui me ressemblent.

Comment vois-tu l'avenir, as-tu des projets ?

Je voie l'avenir du blog comme il est maintenant, sans prise de tête, toujours faire du blog un plaisirs et non une contrainte.

Pourquoi pas un jour en vivre, ça serait une belle récompense.

Quels conseils donnerais-tu à quelqu'un qui souhaiterait lancer son Blog ?

Si je devais donner un conseil aux bloggeurs débutants, c'est encore une fois le plaisir !

Oui le blog apporte beaucoup de choses et souvent l'appât du gain attire les débutants.

Mais derrière, il y a aussi beaucoup de travail et ne faire cela que par intérêt s'avérera très pénible et se fera ressentir dans vos articles, ce qui déplaira forcement aux lecteurs….

Le mot de la fin c'est ?

Soyez naturels, parlez avec le cœur, amusez-vous, se sont pour moi les mots d'ordre pour bien commencer un blog et évoluer dans la blogosphère.

Les lecteurs le sentiront et vous le rendront !

Les Perles de Maman

<u>Quand as-tu ouvert ton blog et pourquoi ?</u>

J'ai ouvert le blog mi-novembre 2015. Enfin, disons officiellement mi-novembre car il a fallu créer le site préalablement et donc ce projet a démarré quelques semaines plus tôt.

Je l'ai ouvert pour le plaisir du partage. Plusieurs amies et connaissances me demandaient conseils quand à tel ou tel produit bébé, recettes de petits pots, avis sur des livres...Alors je me suis dit pourquoi ne pas partager tout cela à d'autres également !?

<u>Est-ce ta seule activité ?</u>

Non le blog n'est pas mon activité principale. Je travaille à 70% dans une agence d'assistance à maîtrise d'ouvrage où j'y suis ingénieur environnement. Pour faire simple, j'accompagne les mairies, bailleurs... dans leurs projets de construction/réhabilitation en y intégrant des performances environnementales (économie d'énergie, matériaux sains...)

<u>D'où vient son nom ?</u>

Comme je partage sur le blog mes coups de cœur, je les ai surnommés « mes perles » et les ai ainsi classés par catégorie : perles de jeux, perles de livres, perles d'équipements, perles de beauté bio...

<u>Comment définirais-tu ton univers ?</u>

Un univers simple où je partage notre vie au quotidien. Un univers où je partage coups de cœur et découvertes mais aussi ma p'tite vie de Maman tout simplement. Un univers où on retrouve aussi inévitablement ma touche écolo.

Utilises-tu des logiciels de retouche photos et lesquels ?

J'utilise beaucoup l'application interne de retouche photo de mon smartphone mais également Instagram et Instasize.

Comment t'organises-tu pour tes publications, as-tu un planning très précis ?

Je n'ai pas de planning précis pour mes publications. J'écris beaucoup au feeling. Pour les articles de tests produits, je me fixe un délai maximal. Je consigne tout cela dans un Bullet journal. C'est un outil précieux pour moi.

Comment es-tu arrivé à te faire connaître ?

Mes amies d'abord ont été mes premières lectrices. Puis les amies de mes amies et leurs amies….

J'ai aussi partagé mes billets dans des forums et des groupes.

Ton succès a démarré à quel moment, suite à quel article ?

Difficile de parler de succès. Qu'est-ce que le succès en tant que blogueuse ? Comment le définir ?

Mon blog s'est fait connaître petit à petit. Certains billets plaisent certes plus que d'autres…c'était vrai à ses débuts…cela l'est encore aujourd'hui.

Es-tu dans une Agence pour blogeuses, si oui laquelle ? Où préfères-tu gérer tes partenariats seule ?

Je travaille en partenariat avec plusieurs agences de presse, quelques agences de blogeuses mais aussi et principalement directement avec des marques ou des créatrices.

Fais-tu des articles sponsorisés ou de l'affiliation ?

Je fais quelques articles sponsorisés mais très peu. Et l'affiliation également très peu. J'ai à cœur d'être transparente avec mes lecteurs et mon fonctionnement est clairement expliqué à ce sujet sur le blog dans un billet dédié.

Acceptes-tu tous les partenariats que l'on te propose ?

Oh non. Pas du tout. J'aurai beaucoup de mal à écrire sur un sujet qui ne me plait pas. Certains partenariats requièrent aussi des demandes ou des pratiques auxquelles je n'adhère pas forcément non plus. Donc encore une fois, c'est au feeling, au coup de cœur. Et j'écoute aussi ma soif de curiosité. Il est plaisant de découvrir les nouveautés pour les partager à mon tour !

Comment vois-tu l'avenir, as-tu des projets ?

Et bien depuis quelques mois me trottait l'idée de l'ouverture d'un second blog, orienté Lifestyle…puis j'ai sauté le pas. Je l'ai créé, je l'ai officialité… et aujourd'hui, j'ai pour objectif de le développer. Les Craquages de Lulu est ainsi mon second blog !

Quels conseils donnerais-tu à quelqu'un qui souhaiterait lancer son Blog ?

Rester naturel, rester soi-même, partager ce que l'on aime, écrire tel que l'on pense, et surtout prendre plaisir à bloguer ! Le plaisir d'écrire se ressent, se traduit dans les mots, dans les publications…et se transforme en plaisir de lecture pour les abonnés !

Le mot de la fin c'est ?

Le mot de la fin va à mes lecteurs, lectrices, abonné(e)s, fans….

À mes copines blogeuses,

À mes partenaires,

À mes amies et à ma famille qui me soutiennent (et me supportent !) dans cette belle aventure…

Le mot de la fin est « Merci ! »

La Boîte à Concours

Quand as-tu ouvert ton blog et pourquoi ?

J'ai créé ma page de partages de concours il y a deux ans. J'étais en arrêt maladie et j'ai voulu faire quelques concours voir si « ça marchait ». Je me suis vite prise au jeu, et cette page me permettait à l'époque de partager les concours que je jouais avec ma famille.

Est-ce ta seule activité ?

Cette page est pour moi un loisir, peu à peu j'ai sympathisé avec quelques blogeuses et partager leurs concours était une façon pour moi de les aider à se faire connaitre et à gagner des abonnés. Maintenant j'ai une autre activité, je suis créatrice en micro entreprise dans la création de bijoux et je gère aussi une boutique de vente de fournitures.

D'où vient son nom ?

La boîte à concours : endroit qui réunit les concours partagés.

Comment définirais-tu ton univers ?

Je suis désormais plus centrée sur mon activité créatrice… l'univers des concours est présent, mais au second plan.

Utilises-tu des logiciels de retouche photos et lesquels ?

Oui, je suis fidèle à mon Photofiltre depuis toujours !

Comment t'organises-tu pour tes publications, as-tu un planning très précis ?

Bien sûr. Le matin est consacré aux partages de concours des blogeuses. J'ai créé un groupe où chacun y ajoute ses concours en fonction de la date de fin. Ensuite moi je sélectionne les 2/3 derniers jours de date de fin et je les partage sur la page. Cela me prend 20 minutes. Le reste de la journée est consacrée à mes autres pages, boutiques et sites de ventes. Le soir je supprime sur la Boite à Concours les concours qui se terminent à minuit.

Comment es-tu arrivé à te faire connaître ?

Au fil de temps je pense, rester accessible aux autres, aider les concouristes, aider les blogueurs, ne pas se prendre la tête (surtout quand on n'est pas payé lol).

Ton succès a démarré à quel moment, suite à quel article ?

Vu que je ne suis pas blogueuse, je n'ai pas d'articles… mon succès s'est fait au fur et à mesure….

Es-tu dans une Agence pour blogeuses, si oui laquelle ? Où préfères-tu gérer tes partenariats seule ?

Je n'ai pas de partenariat a proprement dit.

Fais-tu des articles sponsorisés ou de l'affiliation ?

Pas concernée.

Acceptes-tu tous les partenariats que l'on te propose ?

Pas concernée.

Comment vois-tu l'avenir, as-tu des projets ?

Mon projet actuel est de me faire connaitre au niveau de mes créations de bijoux et de ma boutique de vente en ligne de fournitures de créations. Les concours j'en fais maintenant très peu, mais je garde encore la page pour partager chaque matin quelques concours.

Quels conseils donnerais-tu à quelqu'un qui souhaiterait lancer son Blog ?

Je n'ai pas de blog. Mais je côtoie les blogeuses depuis 2 ans. J'en ai entendu pas mal … il y a des bonnes et des mauvaises blogeuses. Celles qui s'investissent et écrivent de vrais articles je leurs tire mon chapeau !! Je ne connais que très peu de vraies blogeuses, elles sont désormais mes amies, et le plus souvent elles restent un peu dans l'ombre… et c'est cela la clé du succès !! Elles sont discrètes, trouvent seules leurs partenaires, écrivent de vrais articles qui leurs prend des heures entières et vérifient chaque mot ! Les partenaires ne s'y trompent pas et reviennent vers elles systématiquement ! Et donc peuvent proposer de chouettes concours, et donc ont vu le nombre de leurs abonnés monter progressivement. Puis il y a les autres : celles qui veulent être blogeuses parce que « c'est trop chouette d'avoir des lots gratos » et qui pondent des « articles » qui n'en sont pas, qui copient les autres blogeuses et proposent un peu tout et n'importe quoi en concours dans le but d'avoir de nouveaux abonnés. Celles-ci ne feront pas long-feu…

Bref, pour se lancer dans un blog, il faut d'abord aimer écrire, aimer tester des produits et écrire un article sur celui-ci, comme si on devait le vendre ! Et pas juste dire 2/3 phrases descriptives …. Et cela et bien ce n'est pas donné à tout le monde !!! Certains

Blogs sont incompréhensifs tellement il y a de fautes grammaticales, orthographe, syntaxe ….

Le mot de la fin c'est ?

Ne pas se prendre la tête, éviter les coups de gueule répétitifs qui finissent pas saouler tout le monde, rester zen et préférer la qualité que la quantité !!!!

Biches à Oreille

Quand avez-vous ouvert votre blog et pourquoi ?

Nous, Marion, la biche blonde et Julie, la biche brune, avons ouvert notre blog le 17 septembre 2017. Cela faisait longtemps que l'on y pensait.

Lors d'une formation dans l'entreprise de la biche brune, on lui posé la question de ce qu'elle ferait si elle n'avait pas de contraintes. Quand elle a répondu un blog, elle eu le déclic, elle en a parlé à la biche blonde ! Et bingo, en septembre les biches se lançaient dans l'aventure du blogging !

Est-ce votre seule activité ?

Non, Marion est juriste dans un grand groupe bancaire et Julie travaille dans le marketing chez un assureur.

D'où vient son nom ?

Le nom de notre blog est « Biches à oreille » : « Biche », parce que c'est le petit surnom que l'on se donne avec des variantes, ma biche, biche d'amour, vilaine biche… et « à oreille » en lien avec le bouche à oreille, qui on l'espère, fonctionnera pour faire connaître notre blog ! Blog qui au passage regorge de bons plans restau, boutiques, marques et bonnes adresses en tous genres…

Comment définiriez-vous votre univers ?

Notre blog a avant tout pour objectif de partager nos bons plans et adressées préférées que ce soit concernant des boutiques, des fringues ou encore des resto ! On y parle aussi de nos aventures et de nos voyages ! C'est un blog Lifestyle destinée plutôt aux filles - mais les hommes peuvent aussi s'y retrouver hein ;) - de 17 à 77 ans !

Nous sommes deux bonnes vivantes qui aimons tout ce qui est beau, bon et sympa !

Utilisez-vous des logiciels de retouche photos et lesquels ?

On utilise l'application Snapseed et le logiciel de retouche photo de WIX.

Comment vous organisez-vous pour vos publications, avez-vous un planning très précis ?

Nous publions 2 fois par semaine, 3 fois lors de période exceptionnelles telles que les fêtes de fin d'année, le plus souvent le lundi et vendredi. Nous avons toujours des articles en avance car la semaine, avec le boulot c'est compliqué de rédiger des articles.

Comment êtes-vous arrivés à vous faire connaître ?

Dans un premier temps, via Facebook auprès de nos amis et puis petit à petit en se faisant connaître sur des communautés de bloggeurs et aussi sur Instagram. D'ailleurs, sur Instagram, on a eu un peu de mal à développer notre communauté mais au bout de 4 mois, le nombre de followers a décollé d'un coup.

Votre succès a démarré à quel moment, suite à quel article ?

Nous sommes encore un petit blog, donc on ne peut pas parler de succès mais disons que l'on a eu 2 moments de visibilité. Le premier c'est quand Julie a publié un article humoristique sur la vie de femme de Kitesurfeur. Cet article a eu plus de 3000 vues en 3 jours et le 2ème quand l'article de Marion sur Lille a été sélectionné par Hellocoton.

Êtes-vous dans une Agence pour blogeuses, si oui laquelle ? Où préférez-vous gérer seules vos partenariats ?

Non nous gérons nos partenariats seuls, bon après on en a pas encore des centaines ☺

Faites-vous des articles sponsorisés ou de l'affiliation ?

Non, pas pour le moment mais un jour peut-être ! On a juste mis en place des liens Amazon quand on cite des livres dans les articles Lecture de la biche brune. Si un de nos lecteurs achète l'un des livres via ce lien en cliquant depuis notre blog, nous touchons un tout petit pourcentage du montant du livre sous forme d'avoir chez Amazon.

Acceptez-vous tous les partenariats que l'on vous propose ?

Pour le moment nous n'avons pas eu beaucoup de propositions et quoi qu'il en soit, nous veillerons toujours à accepter des partenariats avec des marques qui nous parlent et dans lesquelles nous nous reconnaissons. En clair, nous n'écrirons jamais sur une marque de voiture, sur Desigual ou sur le camping !

Comment voyez-vous l'avenir, avez-vous des projets ?

L'avenir, nous le voyons toujours à 2, à s'amuser, partager à se faire plaisir, c'est déjà un beau projet non ?

Quels conseils donneriez-vous à quelqu'un qui souhaiterait lancer son Blog ?

Ne pas s'imaginer devenir riche et célèbre avec le blogging, vous seriez très déçu(e) ! Et ne rien attendre de personne, faire tout simplement ça pour le plaisir !

Le mot de la fin c'est

Si notre blog vous plaît, n'hésitez pas à faire marcher le ... « Biches à Oreille » !

Loulou & Bouboune

Quand as-tu ouvert ton blog et pourquoi ?

Avant d'ouvrir mon blog, j'ai commencé par ouvrir une page Facebook en décembre 2013. Le blog a suivi en mars 2014. J'avais envie de partager avec les autres
J'étais dans une période difficile, car à l'époque, je jonglais avec mon travail à mi-temps et ma vie de maman. Plus de place pour ma vie de femme. J'ai eu besoin extériorisé mon mal-être. Mon blog, c'est ma thérapie.

Est-ce ta seule activité ?

Non, je suis Directrice adjointe et secrétaire au service pôle jeunesse de ma ville.

D'où vient son nom ?

Ce sont les surnoms de mes enfants, Loulou pour Lucas et Bouboune pour Lina.
On aime bien les surnoms dans la famille, mes trois sœurs m'appellent Toutoune;)

Comment définirais-tu ton univers ?

La parentalité dans sa globalité, mon univers peut être différent d'un jour à l'autre, il est au rythme de mes humeurs et de mes envies.

Utilises-tu des logiciels de retouche photos et lesquels ?

Non pas de retouches photos, juste une application pic collage pour faire mes visuels concours.

Comment t'organises-tu pour tes publications, as-tu un planning très précis ?

Je me lève super tôt lol, je garde 1 h le matin pour répondre à mes mails et mes messages sur les réseaux sociaux. Comme je travaille la journée, mes publications sont très souvent programmées la vielle au soir pour le lendemain.

Comment es-tu arrivé à te faire connaître ?

Sincèrement, je m'étonne chaque jour du nombre d'abonnés sur Facebook et les nombres de visiteurs sur mon blog. Ça ne s'est pas fait du jour au lendemain.

Ton succès a démarré à quel moment, suite à quel article ?

Quel succès ? Il commence et s'arrête où le succès ? Je n'ai pas eu d'article qui m'a fait connaître plus qu'un autre...
Comme disait ma grand-mère sicilienne « chi va piano, va sano e va lontano » ce qui veut dire « qui va doucement, va sainement et va loin ». J'ai commencé doucement alors j'espère que ce dicton dit vrai ;)

Es-tu dans une Agence pour blogeuses, si oui laquelle ? Où préfères-tu gérer tes partenariats seule ?

Je me suis longtemps occupée de mes partenariats toute seule, en contactant directement les marques au départ. Aujourd'hui un agent s'occupe de certains partenariats mais je continue également à avoir un contact direct avec mes partenaires. Je ne suis pas dans une agence, mais je me suis inscrite à une plateforme « influenceurs/marques » qui me permet de choisir et de trouver des partenaires. C'est Influence4brands.

Fais-tu des articles sponsorisés ou de l'affiliation ?

Oui, je fais quelques posts sponsorisés sur Facebook.

Acceptes-tu tous les partenariats que l'on te propose ?

Non, j'en refuse énormément, car ce qu'ils proposent ne correspond pas avec ma communauté parentale.

Comment vois-tu l'avenir, as-tu des projets ?

Je le vois évoluer dans le bon sens.
Oui, j'ai des projets pleins la tête... On risque d'être surpris ;)

Quels conseils donnerais-tu à quelqu'un qui souhaiterait lancer son Blog ?

De choisir un bon hébergeur, un joli nom de domaine qui soit vraiment pertinent.
D'être vous-même.

Le mot de la fin c'est ?

D'aimer le PARTAGE.
Et surtout...
De se faire plaisir.

Merci !

Les Tribulations d'une Trentenaire Célibataire

Quand as-tu ouvert ton blog et pourquoi ?

En Mai cela fera 5 ans
Je racontais mes déboires amoureux à un ami qui m'a conseillé de les mettre par écrit, et comme j'ai toujours aimé écrire j'ai créé mon blog.

Est-ce ta seule activité ?

Non, j'ai une profession, je suis cadre supérieure de Santé (même si actuellement je suis en recherche d'emploi).

D'où vient son nom ?

Mon blog est autour de mes histoires, mes découvertes etc… donc son nom en découlait.

Comment définirais-tu ton univers ?

Un univers à 100% féminin. Tout l'univers qui me définit. À la base il était une sorte de journal intime ouvert à tous sur mes histoires d'amour… Depuis un peu plus d'un an il s'est élargi à d'autres thèmes mais qui font entièrement partis de ma personnalité : la healthy life, les voyages, de bonnes adresses (en même temps il en faut pour pouvoir changer de lieux pour les premiers RDV lol) etc…

Utilises-tu des logiciels de retouche photos et lesquels ?

Non aucun.

Comment t'organises-tu pour tes publications, as-tu un planning très précis ?

Pendant une période j'avais un planning précis, maintenant je fais au fil de mes envies. Dans tous les cas j'essaye de publier au moins un article par semaine. Les seules publications programmées actuellement sont celles des différents chroniqueurs qui écrivent pour le blog (je conseille le RDV du mercredi, c'est un homme et il a vraiment un style d'écriture hyper sympa à lire).

Comment es-tu arrivé à te faire connaître ?

Petit à petit, au tout début c'était plus par bouche à oreille, ensuite les amis des amis et voilà aujourd'hui on est autour de 20000.

Ton succès a démarré à quel moment, suite à quel article ?

Il n'y a pas eu réellement une période qui a tout déterminé…
Ça c'est fait au fur et à mesure.

Es-tu dans une Agence pour blogeuses, si oui laquelle ? Où préfères-tu gérer tes partenariats seule ?

Je suis sur quelques plateformes telles que Hivency mais généralement je gère seule mes partenariats. On me contacte directement après la découverte de mon blog et de mon univers.

Fais-tu des articles sponsorisés ou de l'affiliation ?

Je dirais un par mois environ. Non je ne fais plus d'affiliation cela ne m'apporte rien.

Acceptes-tu tous les partenariats que l'on te propose ?

Non je les choisis systématiquement, il doit forcément y avoir un lien avec mon blog et je dois aimer la marque.

Comment vois-tu l'avenir, as-tu des projets ?

J'aimerai écrire un livre de mes aventures et surtout continuer à écrire en me faisant plaisir, que cela ne devienne pas du tout une contrainte, J'aimerai pouvoir avoir un peu plus de revenus pour pouvoir proposer plus d'articles mode ou voyage.

Quels conseils donnerais-tu à quelqu'un qui souhaiterait lancer son Blog ?

La première chose : écrire parce que c'est une passion. Et surtout d'être très patient.

Le mot de la fin c'est ?

Quand je vois l'évolution de mon blog et l'augmentation de ma communauté avec une vraie implication et beaucoup de partages, je suis hyper fière de ce travail. Et je ne remercierai jamais assez cet ami qui m'a donné cette jolie idée.

Cachemire & Soie

Quand as-tu ouvert ton blog et pourquoi ?

J'ai ouvert mon blog il y a… 12 ans bientôt ! Dans un moment où ma vie manquait de piment et de passion. Je n'avais aucun objectif précis et il a été ce qui est arrivé de plus incroyable dans ma vie professionnelle ☺

Est-ce ta seule activité ?

Pas du tout ! D'ailleurs, mon blog en tant que tel, n'est pas source de revenus. À côté de mon blog j'ai mon entreprise, Un Beau Jour, dont je suis co-fondatrice (www.unbeaujour.fr) et j'écris des livres. La source de revenus qui provient le plus directement de mon blog est mon atelier photo en ligne, Insta-Gratitude, dans lequel on peut apprendre à faire de vraies belles photos avec son téléphone portable.

D'où vient son nom ?

Ahaha, j'ai presque honte de l'écrire : je portais un pull en cachemire et soie ce jour-là. Voilà qui montre bien à quel point rien de tout ça n'était réfléchi.

Comment définirais-tu ton univers ?

Mon objectif est de rendre à la poésie du quotidien ses lettres de noblesses. J'ai souvent le sentiment que, tout en étant dans l'un des pays les plus prospères au monde, nous avons un mal fou à nous sentir bien dans nos vies. Je m'interroge énormément sur tout cela et je pense que la poésie et la créativité sont des moyens pour remettre de la magie dans le quotidien, lui redonner du sens.

Utilises-tu des logiciels de retouche photos et lesquels ?

Comme je prends presque toutes mes photos à l'aide de mon téléphone, j'utilise essentiellement des appli pour téléphone. Mes préférées sont Snapseed, Vsco et Darkroom. J'ai aussi un abonnement à Lightroom que j'utilise si je travaille depuis mon ordinateur.

Comment t'organises-tu pour tes publications, as-tu un planning très précis ?

Pas du tout ! Mais je dois surtout dire : pas assez. J'ai besoin de spontanéité pour faire les choses de manière fluide. Et, comme tous les perfectionnistes, si je fais quelque chose trop à l'avance, je le peaufine jusqu'à la dernière seconde et ça me prend beaucoup trop de temps. Donc je suis comme tout le monde : en quête perpétuel d'un équilibre entre tout ça ☺

Comment es-tu arrivé à te faire connaître ?

Quand j'ai commencé mon blog, nous étions une poignée et nous nous connaissions presque toutes. C'est difficile à imaginer aujourd'hui avec les millions de blogs qui existent, mais je n'ai pas vraiment eu à me faire connaître. Quand j'ai commencé, on se connaissait forcément après quelques mois d'existence.

Ton succès a démarré à quel moment, suite à quel article ?

Je ne saurais vraiment pas répondre à ça. Il y a surtout eu l'impact de la presse, quand elle a commencé à s'intéresser au phénomène des blogs il y a environ 10 ans. Je sais que c'est difficile à imaginer aujourd'hui, mais il y avait des papiers entiers pour expliquer ce qu'était un blog et à quoi ça servait !!

Es-tu dans une Agence pour blogeuses, si oui laquelle ? Où préfères-tu gérer tes partenariats seule ?

Non, je ne suis dans aucune agence, mais je ne fais aucun partenariat avec des marques. Il peut éventuellement arriver que je parte en voyage de presse, mais cela fait longtemps que ce n'est pas arrivé.

Fais-tu des articles sponsorisés ou de l'affiliation ?

Ni l'un ni l'autre. La seule source de revenus liée à mon blog vient de mes formations en ligne. Ah si ! Il m'arrive de mettre un lien Amazon affilié si je parle d'un livre. Mais c'est si marginal que je ne le compte pas comme source de revenus.

Acceptes-tu tous les partenariats que l'on te propose ?

Comme tu l'as lu plus haut, je n'en accepte aucun.

Comment vois-tu l'avenir, as-tu des projets ?

J'ai envie de développer plein de belles choses : ateliers créatifs (notamment un atelier d'écriture) et de créer des choses autour de la notion d'inspiration, de bonheur... ça bouillonne beaucoup en ce moment ! Mes priorités pour 2018 : écrire un livre, mettre sur l-pied un atelier d'écriture et développer encore davantage Insta-Gratitude, mon atelier photo.

Quels conseils donnerais-tu à quelqu'un qui souhaiterait lancer son Blog ?

Ne pas essayer de tout faire, ni d'être partout car c'est épuisant et on a vite l'impression de patauger dans la semoule. Ne pas se laisser impressionner par tout ce qui arrive de nouveau tout le temps et rester très attentif à soi : ce qu'on veut faire, pourquoi on le fait, ce qu'on a à partager et éventuellement transmettre. Toutes les fois où j'ai fait fausse route depuis que je tiens Cachemire & Soie, c'est quand j'ai oublié ça ou que je m'en suis écarté. Le reste, la manière de faire, ce ne sont que des moyens d'y arriver. Pas une fin en soi.

Le mot de la fin c'est ?

Quoi que ce soit, si vous avez envie de commencer un nouveau projet, faites-le. Commencez par le premier pas et allez-y. Ne Vous posez pas trop de questions et amusez-vous.

Les Bridgets

Quand as-tu ouvert ton blog et pourquoi ?

En 2005, quand il fallait que je valide une formation de 8 mois dans le web graphisme. On m'a imposé un sujet sur le graphisme au 20ème siècle et je me suis dit quitte à passer plusieurs mois sur un site autant que le sujet me plaise.

Est-ce ta seule activité ?

Non pas du tout. J'ai 2 autres blogs consommactrice.com et lemomentm.com mais surtout j'ai un travail à côté en tant que Community Manager.

D'où vient son nom ?

Je voulais partager mes références sur les relations homme/femme. Bridget Jones était super tendance (déjà) à l'époque et je me suis dit qu'on était un peu toutes des Bridgets en moins pire que ce soit par ses questionnements, son rapport aux hommes, au poids, à sa maladresse :)

Comment définirais-tu ton univers ?

Plus largement les agences me casent dans la catégorie Lifestyle mais je dis souvent qu'il est sujet de relation homme/femme pour faire court.
Avec le temps les thématiques de la santé, du bien-être et beaucoup de psycho se sont ajoutées.

Utilises-tu des logiciels de retouche photos et lesquels ?

Le classique Photoshop que j'ai appris pendant ma formation. Il est parfait. Mais je n'ai pas les mêmes retouches à faire qu'une blogueuse mode ou Food.

Comment t'organises-tu pour tes publications, as-tu un planning très précis ?

J'essaie de faire au moins une publication par semaine et quand j'ai plus de temps au moins 3 mais en 12 ans il m'est arrivé de rien poster pendant 2 ou 3 semaines. Cela reste extrêmement rare souvent quand je suis en long voyage.

Comment es-tu arrivé à te faire connaître ?

Principalement par le référencement et les réseaux sociaux, on trouve facilement lesbridgets.com sur beaucoup de requêtes Google populaires et aussi via certains tweets, posts Facebook qui marchent bien.
Ensuite il y a eu le bouche à oreille en participant à des soirées lorsque je suis arrivée à Paris.

Je suis sur des plateformes qui proposent des articles sponsorisés mais souvent les prix sont bien bas pour ce qui est demandé.

Aucun agent ne m'a spécialement approché, je traite surtout en direct quand les marques me contactent via le site ou Facebook.

Fais-tu des articles sponsorisés ou de l'affiliation ?

Oui mais je suis hyper sélective c'est pourquoi je ne vis pas de mon blog. L'affiliation marchait très bien avec Google Adsense au tout début et puis ils m'ont banni parce que j'avais des sujets trop sexo.
Depuis je fais un peu d'affiliation mais le rapport sur investissement n'est pas très rentable.

Acceptes-tu tous les partenariats que l'on te propose ?

Non comme dit plus haut je suis super sélective si ça ne rentre pas dans mes valeurs, je dis non.

Comment vois-tu l'avenir, as-tu des projets ?

Tant que ça me plait je continue à alimenter mes blogs. Mais j'ai aussi des projets de livres et de podcasts audio avec les copines dans un futur assez proche.

Quels conseils donnerais-tu à quelqu'un qui souhaiterait lancer son Blog ?

Fais le avant tout par passion et si non prévois beaucoup de temps pour que ça décolle. Il y a quelques succès stories qui ont bien pris dès le départ mais j'en ai vu plus souvent se décourager avant de gagner la moindre chose.

Le mot de la fin c'est ?

Si un sujet te passionne, fonce. Avec internet, on n'a plus aucune raison de ne pas faire les choses. On peut trouver toutes les infos dont on a besoin pour se lancer.

Merci pour le Chocolat

Quand as-tu ouvert ton blog et pourquoi ?

J'ai ouvert mon blog en 2006 pour partager les anecdotes de ma vie de famille.

Est-ce ta seule activité ?

À ce jour, oui, c'est mon activité principale. Je suis créatrice de contenu free-lance, sur mon blog mais aussi sur d'autres supports, pour mes différents clients. Je fais du rédactionnel, de la photo, des vidéos, j'anime aussi des ateliers de DIY.

D'où vient son nom ?

En 2006, j'avais 3 enfants petits, dont un bébé de 10 mois… c'est le chocolat qui m'aidait à tenir le coup !

Comment définirais-tu ton univers ?

Joyeux, et coloré !

Utilises-tu des logiciels de retouche photos et lesquels ?

J'utilise Lightroom et Photoshop, ainsi que l'appli VSCO Cam.

Comment t'organises-tu pour tes publications, as-tu un planning très précis ?

Pas vraiment, j'ai une looongue liste d'articles à écrire, j'essaie de les faire au fur et à mesure, en me laissant la liberté d'en écrire spontanément si l'envie se fait ressentir.

Comment es-tu arrivé à te faire connaître ?

J'ai fait partie des premiers blogs famille / Lifestyle (à l'époque on disait blogs de vie), ça aide à se faire connaître. J'ai eu quelques parutions dans la presse, et j'ai gagné un prix au festival des blogs de Romans, en 2008.

Ton succès a démarré à quel moment, suite à quel article ?

Difficile à dire, ça s'est fait très progressivement.

Es-tu dans une Agence pour blogeuses, si oui laquelle ? Où préfères-tu gérer tes partenariats seule ?

J'ai été dans plusieurs régies, mais cela ne me convenait pas vraiment. Je gère désormais seule mes partenariats.

Fais-tu des articles sponsorisés ou de l'affiliation ?

Oui, essentiellement des billets sponsorisés et des partenariats rémunérés, je suis moins fan de l'affiliation.

Acceptes-tu tous les partenariats que l'on te propose ?

Non, et heureusement ! Je n'ai pas envie que mon blog ressemble à un catalogue de pub, et ma crédibilité auprès de mes lectrices est la chose la plus importante à mes yeux.

Comment vois-tu l'avenir, as-tu des projets ?

Des projets, j'en ai plein, des envies aussi… Tant que je m'amuse je continue, alors affaire à suivre !

Quels conseils donnerais-tu à quelqu'un qui souhaiterait lancer son Blog ?

De le faire tout d'abord par envie de partager, pas pour gagner de l'argent ou recevoir des produits gratuits. Cela prend énormément de temps de construire une communauté, si la passion n'est pas là, on s'essouffle très vite.

Le mot de la fin c'est ?

Merci pour l'intérêt que tu portes à mon petit univers, et à très vite sur le blog !

Bienvenue chez Véro

Quand as-tu ouvert ton blog et pourquoi ?

J'ai lancé mon blog en mai 2012. Je cuisine beaucoup et je partageai les photos de mes plats sur FB et mes amis me demandaient toujours la recette...Je me suis dit que ce serait plus simple de partager mes recettes sur un blog.

Est-ce ta seule activité ?

Non du tout je suis secrétaire dans la vraie vie ;-)

D'où vient son nom ?

Au départ j'avais appelé mon blog "Les recettes de Vero" car je publiai que des recettes. Puis j'ai eu envie de me diversifier même si je sais que maintenant il est mieux de n'avoir qu'une seule niche que plusieurs, mais j'avais envie de me divertir... Bref j'ai voulu parler de voyages, bien-être, beauté bio etc... En plus des recettes. Du coup il me fallait un autre nom et c'est "Bienvenue chez Vero" que j'ai choisi... Ça m'a pris du temps mais il me correspond car tout le monde est le bienvenue dans mes univers

Comment définirais-tu ton univers ?

C'est devenu un univers Lifestyle où je continue de partager mes recettes, mais aussi mes bons plans au niveau cosmétique bio, voyage, bien-être et aussi la réalisation de cosmétiques bio. Et comme j'aime la photo j'essaie visuellement de faire de chouettes photos.

Utilises-tu des logiciels de retouche photos et lesquels ?

Oui j'en utilise beaucoup et un peu au cas par cas en fonction de ce que je vais en faire. Pour le blog j'ai un abonnement à Lightroom où je retouche mes photos, plus d'expositions, plus de contraste, etc... J'utilise aussi PicMonkey pour mes montages avec du texte ou bien encore Canva que j'utilise depuis peu seulement.

Comment t'organises-tu pour tes publications, as-tu un planning très précis ?

Alors là non je suis nulle en organisation et c'est toujours à la dernière minute, mais j'essaie d'être quand même un peu dans le fils du temps, comme pour publier mes dernières recettes de bûches pour Noel etc en fonction de l'actualité. Je suis d'ailleurs à la recherche d'un planning mais en ligne.

Comment es-tu arrivé à te faire connaître ?

Il n'y a pas de secret, au début j'allais sur les blogs qui m'inspiraient et je laissais des commentaires. Et j'ai aussi fait des recettes d'autres blogeuses et je les cite dans l'article. Tout est dans le partage en fait !

Ton succès a démarré à quel moment, suite à quel article ?

Je n'ai pas de date précise mais à partir du moment où j'ai arrêté de faire des photos avec mon téléphone et que je me suis achetée un appareil photo. J'ai eu une période où j'ai dû supprimer le gluten et le lactose de mon alimentation à cause de soucis de santé et du coup je cuisinais sans gluten et sans lactose. Beaucoup de personne me suivait pour avoir des conseils et des recettes car c'est assez déroutant au début.

Es-tu dans une Agence pour blogeuses, si oui laquelle ? Où préfères-tu gérer tes partenariats seule ?

Je fais les 2 ;-) J'ai commencé à avoir des partenariats directement en contactant les marques au début, puis après ce sont les marques qui sont venues me contacter. Et comme je suis curieuse j'ai voulu tester aussi les agences mais c'est moins évident je trouve car on n'a pas trop ce rapport direct, c'est moins pratique je trouve.

Fais-tu des articles sponsorisés ou de l'affiliation ?

Je fais des articles sponsorisés, mais je n'ai pas encore testé l'affiliation j'ai eu doute sur l'efficacité de cette dernière.

Acceptes-tu tous les partenariats que l'on te propose ?

Non je n'accepte pas tout, je choisi ce qui m'intéresse et ce qui pourrait intéresser mes lecteurs, ce qui est en rapport avec mes thématiques.

Comment vois-tu l'avenir, as-tu des projets ?

J'aimerai bien devenir Community Manager ou bien vivre de mon blog car c'est vraiment quelque chose que j'aime beaucoup faire et qui me fait vibrer, prendre des photos, partager et répondre aux demandes de mes lecteurs.

Quels conseils donnerais-tu à quelqu'un qui souhaiterait lancer son Blog ?

Il ne faut pas lancer son blog pour avoir des partenariats ou pour faire du profit. Il faut vraiment que ce soit une passion, un plaisir à transmettre et si après on arrive à en vivre et bien c'est la cerise sur le gâteau. Et aussi je lui souhaiterai bon courage car ça devient de plus en plus difficile à cause de certains réseaux sociaux qui bloquent les pages etc... Donc ça devient difficile de se créer une communauté. Ça prend beaucoup plus de temps car il y a un suivi à faire avec son blog il ne suffit pas d'écrire des articles, il y a encore beaucoup à faire derrière tout ça qui demande beaucoup de temps.
Il faut aussi des belles photos, que ce soit bien écrit sans faute, bref que le blog soit harmonieux.

Le mot de la fin c'est ?

Restes- toi même si tu fais ton blog, ne vas pas copier ailleurs, aies ta propre identité, et surtout soit proche de ta communauté c'est important. Ne baisse jamais les bras car il y aura toujours des gens pour te critiquer alors ne les écoute pas et fonce :-)

Le Petit Monde de NatieAk

Quand as-tu ouvert ton blog et pourquoi ?

À l'époque, je suivais plusieurs blogeuses. L'une d'elle a lancé l'idée d'un défi d'articles sur les Comics qui me plaisait énormément. C'est ainsi que j'ai ouvert mon blog sur Publicoton ! Cela tient finalement à peu de choses !

Est-ce ta seule activité ?

Le blog est un loisir, par conséquent, il n'est pas là pour faire bouillir la marmite !

D'où vient son nom ?

Mon pseudo, je l'avais déjà depuis fort longtemps : un diminutif de mon prénom suivi des initiales de mes enfants. Dans la mesure où ça allait être mon univers, je lui ai donné le nom *Le petit monde de NatieAK*, en toute simplicité. Il me va bien et même après 6 ans, je ne regrette pas de l'avoir choisi.

Comment définirais-tu ton univers ?

C'est un univers qui me ressemble. Je suis quelqu'un de passionné et ouvert à tout. Je voulais un blog à mon image et surtout sans thème en particulier, sinon ça aurait fini par me lasser. On a trop tendance à imposer une case et on finit par oublier qu'on ouvre pas un blog juste dans l'espoir d'avoir des partenariats, mais afin de partager et d'être libre d'écrire sur ce que l'on veut et comme on l'entend.

Utilises-tu des logiciels de retouches photos et si oui, lesquels ?

Oui, j'ai la chance d'avoir Photoshop. C'est un logiciel que j'apprécie particulièrement mais sinon il y aussi Photofiltre qui peut tout aussi bien travailler les photos.

Comment t'organises-tu pour tes publications, as-tu un planning très précis ?

Le petit monde de NatieAK a la particularité d'être un blog familial. Ma fille a souhaité s'y investir un peu plus en rédigeant l'article du vendredi qui se veut « franc, satirique et sans filtre ». Je me charge de l'article du lundi et du mercredi.

Comment es-tu arrivé/e à te faire connaître ?

Après Publicoton, j'ai décidé de changer de plate-forme afin de construire un blog qui correspond plus à mes attentes. J'ai choisi Blogger. Petit à petit, on gagne en référencement et on se construit une communauté. Il faut être patient et ne jamais perdre de vue que cela reste un plaisir et non une obligation.

Ton succès a démarré à quel moment, suite à quel article ?

À partir du moment où j'ai travaillé le design du blog et appliqué les règles basiques du référencement. Lorsque j'ai commencé, je n'avais aucune notion de tout cela et les tutoriels étaient à l'époque très peu nombreux ! J'ai fait partie de cette génération qui a appris sur le tas. J'ai d'ailleurs dû passer des heures à retravailler mes anciens articles pour rectifier mes erreurs de débutantes.

Es-tu dans une Agence pour blogeuses, si oui laquelle ? Ou préfères-tu gérer tes partenariats seule ?

Il m'arrive de faire des partenariats ponctuels et d'en obtenir en postulant sur des sites comme Hivency par exemple ou des groupes Facebook.

Fais-tu des articles sponsorisés ou de l'affiliation ?

Oui, c'est arrivé dans les deux cas. Je notifie toujours lorsqu'un article est sponsorisé, d'abord parce que c'est obligatoire (même si certaines blogeuses ne le font pas) et ensuite parce que je n'ai aucun soucis avec ça.

Acceptes-tu tous les partenariats que l'on te propose ?

J'en refuse pas mal car certains ne n'intéressent pas, tout simplement.

Comment vois-tu l'avenir, as-tu des projets ?

Je souhaite garder ma liberté. Si un jour je me dis « n'écris pas ça, sinon tu vas potentiellement vexer des marques », alors je préférerais arrêter !

Quels conseils donnerais-tu à quelqu'un qui souhaiterait lancer son Blog ?

Il faut le faire par passion sans jamais se mettre de pression. On a souvent tendance à oublier que tenir un blog demande énormément de travail entre la rédaction, les photos, le travail de recherche, le codage, le partage sur les réseaux, l'échange avec sa communauté... Il faut en être bien conscient avant de commencer.

Le mot de la fin c'est ?

Dans tous les cas, la vraie vie doit toujours être une priorité, le virtuel ne remplacera jamais les gens qu'on aime. Et surtout restez toujours passionnés et vous-mêmes !

Ma Vie de Mamou

Quand as-tu ouvert ton blog et pourquoi ?

J'ai ouvert une page Facebook en avril 2017 en tant que créatrice (je peins et décore des objets en bois comme des petits coffres, des cadres, des mains et arbre à bijoux).

J'ai été contacté par plusieurs blogeuses à la recherche de partenariats. C'est comme ça que j'ai découvert la "planète Blogosphère "et j'ai eu envie d'en faire partie. J'ai ouvert une page Facebook le 16 juillet 2017 et un mois plus tard j'ai créé mon blog afin de pouvoir partager mes articles (mes activités avec ma Louloute, les tests de produits: alimentaires, jeux, activités manuelles, créations, mes recettes...).

Est-ce ta seule activité ?

Non je travaille en tant qu'assistante qualité dans une entreprise privée.

D'où vient son nom ?

C'est tout simplement le surnom que me donne ma Louloute.

Comment définirais-tu ton univers ?

Je partage avec mes abonné(e)s ou mes mamounautes comme j'aime les appeler ma vie au quotidien : ma vie de mamou: je parle de mes activités avec ma louloute: activités manuelles, sportives, recettes. Sur mon blog, j'écris également des articles sur les produits de mes partenaires.

Utilises-tu des logiciels de retouche photo ?

J'utilise un logiciel de montage: Pic Collage.

Comment organises-tu pour tes publications as-tu un planning très précis ?

Oui je tiens un agenda pour mes articles à écrire : quand je reçois un produit je mets une date butoir (deadline en anglais...hihi) à laquelle je dois le publier.

Quant à mes posts sur la page Facebook de mon blog, certains sont réfléchis et planifiés, d'autres sont publiés au gré de mes envies...

Comment es-tu arrivée à te faire connaître ?

Afin de me faire connaître j'ai organisé de nombreux concours par moi-même sans partenariat.

Ton succès a démarré à quel moment suite à quel article ?

Je ne peux pas encore parler de grand succès car je suis encore au début de mon aventure mais j'ai vu le nombre de mes abonné(e)s fortement augmenter lors ce que j'ai commencé avoir des partenaires.

Mes mamounautes m'ont laissé de gentils commentaires. Elles revenaient chaque jour..

Même si cela reste virtuel, des liens se sont tissés avec certaines (et certains car oui j'ai aussi des papounautes qui me suivent..).

Mes articles sont de plus en plus lus et appréciés dont un article dans lequel je parlais de produits cosmétiques sur Louloute et moi-même.

Es-tu dans une agence pour blogeuses si oui laquelle ? Ou préfères-tu gérer tes partenariats seule ?

Je gère mes partenariats toute seule.

Fais-tu des Articles sponsorisés ou de l'affiliation ?

Non.

Acceptes-tu tous les partenariats que l'on te propose ?

Pour être honnête, au tout début oui j'ai accepté tous les partenariats proposés afin de me faire connaître mais à ce jour j'ai choisi ceux en relation avec ma vie de mamou. Comme vous l'avez compris c'est toujours en rapport avec louloute. (Par exemple si on me propose un produit pour moi-même je dirais non mais si c'est un produit pour ma fille et qui lui convient je dirais oui et ferai un article sur mon blog après que Louloute l'ai testé seule ou avec moi).

Comment vois-tu l'avenir ?

Je souhaite continuer à partager ma vie de mamou, continuer certains partenariats et en découvrir de nouveaux. Je souhaite continuer à gâter mes mamounautes avec de beaux concours et poursuivre cette belle aventure.

J'espère que ma "mamounaute family" grandira, encore et encore.

Quels conseils donnerais-tu à quelqu'un qui souhaiterait lancer son blog?

Je suis encore toute jeune dans la blogosphère mais je pense que quand on décide "d'habiter sur la planète blogosphère"(comme je l'appelle) il faut savoir ce que l'on veut, ce que l'on ne veut pas. Quel sera notre univers ? Que souhaite-t-on partager? Et ensuite il ne faut pas hésiter à se lancer dans cette aventure extraordinaire.

Le mot de la fin c'est ?

Aujourd'hui je suis heureuse de faire partie des "habitantes..☺" de la planète Blogosphère et espère que ce voyage durera encore très longtemps. Un grand merci à toutes et tous mes abonné(e), à mes partenaires (anciens, actuels et à venir) et à toi bien sûr qui m'a permis de m'exprimer.

Je suis fière et honorée de t'accompagner dans ta nouvelle aventure : c'est pour moi le début d'un deuxième voyage...

Golden Wönderland

Quand as-tu ouvert ton blog et pourquoi ?

 J'ai ouvert mon premier Blog en 2008 (j'avais 8 ans, et oui, je suis une 2000!)
Et je l'ai ouvert car ma meilleure amie en avait un! Et dessus... je ne faisais pas grand-chose... c'était surtout un RPG sur la plateforme eklablog, très populaire à ce moment!

Est-ce ta seule activité ?

Non! J'ai également sur internet, une chaîne YouTube depuis peu, qui a du mal à décoller... et un Instagram! J'ai ouvert et Instagram puisque j'adore prendre des photos!

À côté de ça, je suis en terminale S et je voudrais partir en paces l'année prochaine.

Comment définirais-tu ton univers ?

Farfelu.

Utilises-tu des logiciels de retouche photos et lesquels ?

 Uniquement Instagram

Et pour créer des infographies ou ajouter des textes sur mes photos j'utilise Canvas ou pic monkeys.

Comment t'organises-tu pour tes publications, as-tu un planning très précis ?

Je publie une fois tous les dimanches et plus si J'ai le temps.

Comment es-tu arrivé à te faire connaître ?

On ne peut pas dire que je sois la personne la plus connue dans le blogging.... mais J'ai partagé mes liens sur des groupes Facebook de blogueuse, je l'ai partagé avec des amis... mais surtout, je me suis créer un cercle d'amies blogeuses notamment sur le groupe Facebook "Blog à l'unisson" avec qui j'échange.

Ton succès a démarré à quel moment, suite à quel article ?

J'ai commencé à avoir réellement des visites sans partager mes articles à partir d'un article qui concernait mon accident de voiture ^^.

Es-tu dans une Agence pour blogeuses, si oui laquelle ? Où préfères-tu gérer tes partenariats seule ?

Je ne suis dans aucune agence... en même temps je ne sais pas comment faire ! 😄😄 Donc je gère ça toute seule.

Fais-tu des articles sponsorisés ou de l'affiliation ?

Articles sponsorisés seulement si je connais la marque et que je l'apprécie ou que je peux tester le produit et dire clairement ce que j'en pense.
Affiliation c'est non pour moi
Trop de boulot pour faire connaître la marque, contre rien en échange...

Acceptes-tu tous les partenariats que l'on te propose ?

Loin de la... en plus certaines fois les annonceurs sont désagréables !

Comment vois-tu l'avenir, as-tu des projets ?

L'avenir? Continuer mon Blog tant que j'ai de l'inspiration
Faire plus de vidéo YouTube
Et me concentrer sur mes études quand même...

Quels conseils donnerais-tu à quelqu'un qui souhaiterait lancer son Blog ?

Commences par te demander "pourquoi tu veux le créer"
Si c'est pour passer le temps libre, pour l'argent, pour faire comme tout le monde... oublies!

Déjà parce que tu ne seras pas lu toute suite, que on ne va pas se la cacher ça demande un investissement personnel ENNORME, que les gens te critiqueront, que les partenariats ne viennent pas comme ça, et j'en passe!

Le mot de la fin c'est ?
Mais après la blogo ce n'est pas que du négatif. J'ai fait plein de belles rencontres comme Mj du Blog run fit and fun, Madeline du Blog "madoulife " ou même Lili du Blog literartiste!

Ça vide la tête

Ça occupe

Et quand c'est ta passion que tu partages... il n'y a rien de plus beau !

Pearlbox

Quand as-tu ouvert ton blog et pourquoi ?

Je l'ai ouvert en Juin 2016. A la base c'était plus une sorte de journal électronique où je répertoriais toutes les astuces qui m'intéressaient ! Puis j'ai commencé à apprécier écrire et partager, j'ai commencé à en parler un peu autour de moi. J'ai eu de très bons retours donc j'ai continué en faisant plus attention au contenu que je proposais.

Est-ce ta seule activité ?

Non, depuis peu j'ai ouvert le compte Instagram qui complète le blog sur des petites choses qui ne peuvent faire l'objet d'un article qui serait beaucoup trop court ! :p Sinon je suis en première année de master MEEF, en mars je passe le CAPEPS, c'est un concours pour devenir professeur d'EPS. Et oui, le blog ne me permet pas de gagner ma vie, ni Instagram d'ailleurs ! Ça reste un simple loisir :)

D'où vient son nom ?

Ayant commencé mon blog en mettant toutes les superbes astuces que je trouvais à droite à gauche je me suis dit que « que je réunissais des perles trouvées dans l'univers d'internet ». Que dans tout cet univers se trouver une petite boite, mon blog, où je réunissais donc ce qui m'intéressait. Ce qui a donné Pearlbox. Le nom étant déjà pris… j'ai rajouté 17 derrière, mon chiffre porte-bonheur.

Comment définirais-tu ton univers ?

Question difficile…. Bordélique peut être. J'y mets vraiment de tout, tout ce que je trouve, qui m'intéresse, et qui pourrait vous intéresser. Je parle de sport (mon métier), de make-up (mon

Loisir), de voyage (mon passetemps), de nourriture (où je débute) et de toutes les autres petites choses qui simplifies la vie au quotidien :)

Utilises-tu des logiciels de retouche photos et lesquels ?

Je joue uniquement avec les lumières, le contraste, la chaleur et la saturation que me propose Instagram. Sinon, je trouve des images sur interne (chose que j'essaie de limiter au plus) car je n'ai pas encore de bon appareil pour faire de belles photos. Mais j'apprends ! Avant, quand j'étais plus jeune, j'utilisais Picasa qui répond un peu aux mêmes critères qu'Instagram en termes de retouche photo.

Comment t'organises-tu pour tes publications, as-tu un planning très précis ?

Je n'ai pas de planning précis. J'écris quand j'ai le temps car mes études me prennent beaucoup de temps. On ne dirait pas comme ça mais devenir professeur d'EPS n'est pas donné à tout le monde. Donc non, je n'ai pas de planning en termes de régularité. En revanche, dès que j'écris un article, je le programme toujours pour le mercredi qui suit à 14h, c'est généralement le jour de pause dans la semaine et leur de détente qui suit les cours !

Comment es-tu arrivé à te faire connaître ?

Je ne suis pas vraiment connue en réalité… Mais pour me faire une petite place je lis les autres bloggeuses et commente leurs potes, généralement leurs lecteurs passent nous voir ainsi que le bloggeur en question. Instagram m'a également beaucoup aidé. J'ai plus d'abonné sur Instagram que mon blog car de nos jours les gens n'aiment plus trop lire mais préfèrent regarder des vidéos mais sur ce réseau social on trouve toujours un bon public ! Et cela nous permet d'alerter les gens d'un nouveau post, en plus de ça il leur suffit de cliquer sur le lien qui se trouve dans la biographie, l'accès est rapide et simple.

Ton succès a démarré à quel moment, suite à quel article ?

Grâce à mon article « comment bien faire ses abdos ». En effet, je vois beaucoup de gens se mettre à la mode à faire du sport à la maison mais quand je vois les postures… de quoi se casser le dos ! Je pense qu'il a pu aider beaucoup de personne, d'où son succès. De même pour les articles « débuter le running » et « Le squat : posture et motivation »

Es-tu dans une Agence pour blogeuses, si oui laquelle ? Où préfères-tu gérer tes partenariats seule ?

Je n'ai pas d'agence pour bloggeuses… Je ne pense pas avoir assez de succès pour ça encore. Mais, mon mail étant à disposition, j'ai déjà quelques propositions de partenariats.

Fais-tu des articles sponsorisés ou de l'affiliation ?

Non.

Acceptes-tu tous les partenariats que l'on te propose ?

Cela dépend des produits proposés et surtout des conditions. S'il s'agit d'écrire quelque chose de tout faire et où je ne donne pas mon avis propre et sincère, non merci !

Comment vois-tu l'avenir, as-tu des projets ?

Pour l'instant, ça reste du loisir. Je suis trop concentrée sur l'obtention de mon concours. Peut-être qu'après, lorsque j'aurai un salaire. Je pourrai vraiment m'investir dedans, prendre un nom de domaine et tout ce qu'il va avec.

Quels conseils donnerais-tu à quelqu'un qui souhaiterait lancer son Blog ?

Ne pas hésiter ! 1 lecteur c'est déjà quelqu'un de même univers que vous. Vous intéresserez toujours quelqu'un ! Mais attention à ne pas commencer dans le but d'être connu… Parti comme ça c'est voué à l'échec et ça se ressent dans la production des articles.

Le mot de la fin c'est ?

Lancez-vous et bonne lecture !

Adeline la Petite Maligne

Quand as-tu ouvert ton blog et pourquoi ?

J'ai ouvert ma page le 25 septembre 2017.

Est-ce ta seule activité ?

Ce n'est pas ma seule activité, je suis également en CDI à Disneyland Paris.

D'où vient son nom ?

Adeline la petite maligne est un nom qu'on m'a souvent donné car je me débrouille toujours à trouver le meilleur prix, à avoir des combines pour payer moins cher.
Et " maligne " est la dernière syllabe des prénoms de mes deux filles Emma et Aline.

Comment définirais-tu ton univers ?

J'aime partager mes bons plans et mon quotidien de maman et de Cast Member à Disneyland Paris.

Utilises-tu des logiciels de retouche photos et lesquels ?

J'utilise parfois des filtres d'Instagram.

Comment t'organises-tu pour tes publications, as-tu un planning très précis ?

J'essaie de publier au moins une chose par jour, je les programme.

Comment es-tu arrivé à te faire connaître ?

J'ai créé un concours pour gagner une journée à Disneyland Paris le 10 février 2018 et j'ai eu la chance que mon amie Vanessa {Mère pas parfaite et alors} l'ai partagé et mon compteur de like s'est étonnement envolé.

Ton succès a démarré à quel moment, suite à quel article ?

Après le concours, ma page s'est envolée.

Es-tu dans une Agence pour blogeuses, si oui laquelle ? Où préfères-tu gérer tes partenariats seule ?

Je n'ai pas d'agence, je suis toute nouvelle dans ce domaine et je n'ai pas la prétention d'être blogeuse.

Fais-tu des articles sponsorisés ou de l'affiliation ?

Mes articles ne sont pas sponsorisés mais je tague toujours les marques ou la page.

Acceptes-tu tous les partenariats que l'on te propose ?

Je n'ai pas encore de demande de partenariat et je ne sais pas comment je vais réagir, si un jour ça m'arrive.

Comment vois-tu l'avenir, as-tu des projets ?

J'espère que ma page évoluera.

Quels conseils donnerais-tu à quelqu'un qui souhaiterait lancer son Blog ?

C'est bizarre de donner des conseils car j'aimerais bien en avoir !

Je vous dirais de rester vous-même et de ne pas oublier que très peu de personnes en vivent. Un jour, j'ai été au Salon du Baby et j'ai été étonné du nombre de femmes qui se présente aux stands de marque et disant " tant de personnes me suivent, peut-on travailler ensemble ?" certaines ont très bien compris le business !

Le mot de la fin c'est ?

Le mot de la fin serait amusez-vous et n'oubliez pas que " ce monde" est éphémère.

Une Maman 10 Trucs

Quand as-tu ouvert ton blog et pourquoi ?

En février 2015, parce que j'avais envie d'un blog humoristique sur la maternité qui soit à la fois déculpabilisant, drôle et bienveillant. Je venais aussi d'écrire mon premier roman, et je voulais continuer à écrire, mais des choses plus courtes qu'un roman, d'où l'idée d'un blog pour écrire sur mon quotidien.

http://www.1maman10trucs.com

Est-ce ta seule activité ?

Non pas du tout, je suis également écrivain (mon premier roman est sur www.veroniquemoriniere.com), webdesigner, et surtout maman à quasi temps plein de 2 garçons, dont le plus jeune n'est pas gardé.

D'où vient son nom ?

Une Maman et Dix Trucs, c'est pour parodier gentiment de tous les articles sur internet qui ambitionnent de donner les clés de la parentalité en « 10 trucs ».

Comment définirais-tu ton univers ?

J'ai un humour un peu décalé, absurde. Je suis très attachée à faire rire sur la maternité sans me plaindre ni me moquer des enfants ou des parents, donc mon humour, c'est beaucoup de comique de situation, de ridicule et d'autodérision.

Je suis aussi une maman maternante donc j'aborde des sujets sur le maternage proximal (Co dodo, allaitement, portage, ETC), mais pas que.

Utilises-tu des logiciels de retouche photos et lesquels ?

Oui, j'utilise GIMP pour créer mes vignettes et mes miniatures. Les photos ne sont pas le point fort de mon blog. À part quelques photos prises par moi, j'utilise des photos libres de droit trouvées sur pixabay ou pixels.

Comment t'organises-tu pour tes publications, as-tu un planning très précis ?

Pas du tout, j'ai le seul objectif de publier un article (ou vidéo) par mois, c'est tout. Je m'organise selon mon inspiration et mon temps libre. Un par mois, ce n'est vraiment pas beaucoup, mais ça m'assure de le tenir (même s'il m'est arrivé une ou deux fois ne pas publier un article par mois).

Comment es-tu arrivé à te faire connaître ?

Grâce à Facebook surtout, car je ne suis pas très douée en référencement. Mon blog a pris une nouvelle dimension lorsque j'ai commencé les vidéos.

Ton succès a démarré à quel moment, suite à quel article ?

Petit à petit, vraiment lentement... Un de mes articles, « 10 trucs pour faire dormir votre bébé la nuit », qui est pourtant mon 2ème article du blog, donc un vieil article, revient régulièrement dans les partages. Il a quelques fois été partagé par de plus grosses pages, et a été viral 2 fois depuis l'ouverture de mon blog. (Je précise que j'avais contacté ces pages en leur demandant si elles voulaient le partager, ça ne s'est pas fait par hasard ou par chance).

Puis c'est une de mes vidéos, « 10 techniques de ramassage de petits jouets », partagée sur Facebook et qui a fait un buzz, qui m'a permis de multiplier par 5 mes abonnés. C'était pourtant une vidéo que j'avais faite l'année d'avant, et que j'avais publiée uniquement sur YouTube... Il a juste suffit que je la sous-titre et que je la publie sur Facebook pour que le buzz prenne, cette fois-ci sans que je ne demande à personne de la partager.

Es-tu dans une Agence pour blogeuses, si oui laquelle ? Où préfères-tu gérer tes partenariats seule ?

Non. Je ne fais pas de partenariats.

Fais-tu des articles sponsorisés ou de l'affiliation ?

Non.

Acceptes-tu tous les partenariats que l'on te propose ?

Aucun.

Comment vois-tu l'avenir, as-tu des projets ?

Ce blog ne me rapporte pas d'argent, c'est un choix qui me laisse toute ma liberté de dire ce que je veux, et pas de pression. Je tiens ce blog pour le plaisir, et je l'utilise pour me faire connaître avant tout... Pour ensuite avoir une audience qui aime mon travail et qui me suit pour la suite : un deuxième livre, un projet d'one-woman show humoristique sur le maternage et du développement personnel... J'ai aussi comme projet de développer plus les vidéos, en particulier des chansons parodiques, et de créer une version anglais de mon blog (que je monétiserai peut-être, d'une manière ou d'une autre, je ne sais pas encore).

Quels conseils donnerais-tu à quelqu'un qui souhaiterait lancer son Blog ?

De suivre ses passions, de bloguer pour le plaisir avant tout, de se former en référencement si possible dès le début (ne faites pas comme moi !), et surtout d'être patient et de persévérer... Moi il m'a fallu 3 ans pour atteindre 1000 abonnés sur Facebook, et il a ensuite suffit qu'une

De mes vidéos devienne virale pour atteindre 5000 abonnés en un mois supplémentaire. J'ai fait beaucoup de flops, mais j'ai continué d'écrire parce que j'aimais ça. Si j'avais eu un objectif chiffré derrière, j'aurais vite abandonné, car j'ai beaucoup stagné les premières années en termes de nombre d'abonnés...

Et ne pas se forcer à faire des choses « parce que c'est ce qui marche », ou « c'est comme ça qu'il faut faire »... Si vous aimez les réseaux sociaux allez-y à fond, sinon ne vous forcez pas

(Moi j'ai juste Facebook, j'ai tenté twitter et Pinterest mais j'ai laissé tomber, quant à Instagram je ne sais même pas comment ça fonctionne). Si les vidéos vous tentent, allez-y, sinon, ne vous brusquez pas...

Le mot de la fin c'est ?

Ne pas hésiter à changer, sa ligne éditoriale, ses supports, ETC, évolué, dès qu'on commence à se lasser. L'intérêt d'un blog, c'est que c'est chez nous, alors on peut y faire ce qu'on veut :-)

Laetiboop

Quand as-tu ouvert ton blog et pourquoi ?

Mon Blog est assez récent, je l'ai ouvert en Juillet 2017, ça faisait un moment que cette idée me trottait dans la tête et l'écriture est l'une de mes passions.
J'avais envie d'avoir " ma voix " moi aussi.

Est-ce ta seule activité ?

Non, j'ai une activité professionnelle en plus de mon Blog.

D'où vient son nom ?

C'est un pseudo que j'utilise depuis longtemps. Un mélange entre mon prénom Laetitia et Betty Boop, cette héroïne rétro sensuelle.

Comment définirais-tu ton univers ?

Mon univers, je dirais la simplicité et la franchise avant tout. Je souhaite rester moi-même et dire ce que je pense.

Utilises-tu des logiciels de retouche photos et lesquels ?

Non je privilégie les photos naturelles.

Comment t'organises-tu pour tes publications, as-tu un planning très précis ?

Je suis quelqu'un de très organisée, j'ai donc toujours des articles d'avance. J'en publie environ 3 par semaine {généralement le lundi, mercredi et vendredi}.

Comment es-tu arrivé à te faire connaître ?

Ça commence…

Ton succès a démarré à quel moment, suite à quel article ?

Je ne sais pas si on peut vraiment parler de succès, mais j'aime ce que je fais et interagir avec ma communauté. Les réactions sont généralement nombreuses autour des articles plus engagés ou coup de gueule comme " Avant je ne t'aimais pas ou l'histoire de ma vie "

Es-tu dans une Agence pour blogeuses, si oui laquelle ? Où préfères-tu gérer tes partenariats seule ?

Je préfère gérer seule.

Fais-tu des articles sponsorisés ou de l'affiliation ?

Je ne fais pas d'affiliation mais des articles sponsorisés de temps en temps.

Acceptes-tu tous les partenariats que l'on te propose ?

Non je ne force jamais. J'accepte si j'aime le produit et si je pense que ça pourra apporter quelque chose à mes lecteurs.

Comment vois-tu l'avenir, as-tu des projets ?

Pour le moment je me concentre surtout à faire encore grossir mon Blog sur la qualité de mes articles et la régularité. Avoir un Blog est un travail de longue haleine. Il est facile de se décourager.

Quels conseils donnerais-tu à quelqu'un qui souhaiterait lancer son Blog ?

Si je devais donner un conseil aux personnes qui souhaitent lancer leur Blog, je dirai que c'est avant tout la motivation. Il faut que ça soit une réelle envie et pas une simple lubie.

Le mot de la fin c'est ?

Qui ne tente rien n'a rien ! Et n'hésitez pas à faire un tour sur mon Blog.

French Pipelette

Quand as-tu ouvert ton blog et pourquoi ?

J'ai commencé mon blog en mars 2017 car l'envie me titillait depuis un moment et ce sont les préparatifs de mon mariage qui m'ont décidé à me lancer. Habitant à l'étranger, je voulais partager cela avec mes amies et mes proches vivant loin de moi.

Est-ce ta seule activité ?

Quand j'ai commencé à bloguer je travaillais encore pour le site e-commerce de Smartbox, les coffrets cadeaux, à Dublin. J'ai quitté mon travail pour me consacrer à des projets personnels et au blogging cet été.

D'où vient son nom ?

Après avoir longuement hésité, mon choix s'est arrêté sur FrenchPipelette. D'une part car je vivais à l'étranger à l'époque et je voulais insister sur ma nationalité et d'autre part *pipelette*, car c'est ce que je suis dans la vie de tous les jours.

Comment définirais-tu ton univers ?

Mon univers est principalement le récit de mes actions et découvertes quotidiennes donc je parle de mon style de vie, avec mes recettes de cuisine, mon mariage, mes voyages, mes conseils beauté, le blogging et plus récemment ma transition vers un mode de vie sain.

Utilises-tu des logiciels de retouche photos et lesquels ?

J'utilise principalement Canva que j'adore et un peu Photoshop.

Comment t'organises-tu pour tes publications, as-tu un planning très précis ?

Très précis non mais à chaque début de mois, je me note les 8 articles minimum que je souhaite écrire pour le mois, en essayant de traiter chacune de mes catégories.

Comment es-tu arrivé à te faire connaître ?

Mon trafic vient pour beaucoup des réseaux sociaux, notamment des groupes Facebook et surtout Pinterest !

Ton succès a démarré à quel moment, suite à quel article ?

Il y a eu un premier pic sur mon article : Que faire à Dublin en 3 jours ? https://frenchpipelette.com/2017/07/20/que-faire-a-dublin-en-3-jours/ puis mes articles sur le blogging dont notamment mon dernier bilan du mois dernier : https://frenchpipelette.com/2017/11/01/bilan-blogging-octobre.

Es-tu dans une Agence pour blogeuses, si oui laquelle ? Où préfères-tu gérer tes partenariats seule ?

Non je ne suis dans aucune agence mais je me suis récemment inscrite sur https://www.influence4brands.com. Je traite les demandes de partenariat que je reçois plusieurs fois par semaine.

Fais-tu des articles sponsorisés ou de l'affiliation ?

J'ai réalisé mon premier article sponsorisé pour Smartbox ' https://frenchpipelette.com/2018/01/19/offrir-un-moment-a-vivre/" mais je suis restée entièrement maître de mes propos « et j'utilise également l'affiliation.

Acceptes-tu tous les partenariats que l'on te propose ?

Non, je ne les accepte pas tous. Il faut que cela reste cohérent avec ma ligne éditoriale et que je trouve le concept ou la marque sympa. Je ne parle que de produits ou services dont j'aurais pu parler spontanément même si on ne m'avait pas proposé un partenariat.

Comment vois-tu l'avenir, as-tu des projets ?

Toujours avec FrenchPipelette et mon nouveau projet : https://kalidek.com/. Cette marque a pour but de mettre en avant uniquement des jolies marques éthiques.

Quels conseils donnerais-tu à quelqu'un qui souhaiterait lancer son Blog ?

J'ai écrit un article à ce propos, je vous invite à le lire. Mes principaux conseils sont de tout simplement se lancer. Ne pas repousser le moment ou se trouver 10 000 excuses. Il faut juste s'y mettre et s'améliorer au fur et à mesure. L'expérience viendra en pratiquant et tout le monde a les capacités d'avoir un blog.

Le mot de la fin c'est ?

Merci à Lou pour ce projet ! Le blogging est une expérience tellement enrichissante que mon seul regret est de ne pas avoir commencé plus tôt !

Le Blog de Maman Débrouille

Quand as-tu ouvert ton blog et pourquoi ?

Octobre 2016.

Est-ce ta seule activité ?

Je l'ai ouvert pour partager ma passion depuis toujours: Blogger ! Échanger, communiquer et non ce n'est pas ma seule activité, je suis Auxiliaire de vie dans la vraie vie et maman de deux enfants.

D'où vient son nom ?

Maman débrouille, car une mère est souvent confrontée à des problèmes qu'elle-même doit trouver la solution car personne pourra le faire à sa place, je partage mes astuces pas chers, mes tests produits que je reçois via les partenariats.

Comment définirais-tu ton univers ?

L'univers d'une maman de deux bambins en bas âges ! Partager Les astuces pas chères, les bons plans du Net que je partage avec plaisir sur les réseaux sociaux.

Utilises-tu des logiciels de retouche photos et lesquels ?

J'utilise plusieurs logiciels de retouches photos du plus simple au plus compliqué.

Comment t'organises-tu pour tes publications, as-tu un planning très précis ?

Organisation ?? Zéroooooo enfin si pour les concours…mais moi et l'organisation déjà dans ma propre vie j'ai du mal alors le Blog…faudrait que je m'y mette…

Comment es-tu arrivé à te faire connaître ?

Peut-on parler de succès ? Les derniers concours ont plutôt bien marchés mais le Blog va prendre une autre tournure plus personnel d'ici peu et j'espère que cela plaira.

Ton succès a démarré à quel moment, suite à quel article ?

Cela se fait petit à petit….

Es-tu dans une Agence pour blogeuses, si oui laquelle ? Où préfères-tu gérer tes partenariats seule ?

Agence pour blogeuse ? Alors je me suis inscrite mais pas de retour pour l'instant.

Fais-tu des articles sponsorisés ou de l'affiliation ?

Je fais des articles quand je reçois un produit de marque via les plateformes d'affiliation comme Sampléo ou trnd…ou quand le produit me plaît tout simplement.

Acceptes-tu tous les partenariats que l'on te propose ?

Cela dépend vraiment du produit, je me vois mal faire la promotion pour des sextoys par exemple !

Comment vois-tu l'avenir, as-tu des projets ?

J'espère que mon Blog et ma page Facebook auront un joli succès car je m'investis beaucoup voir trop ! Dans tout ce que je fais d'ailleurs ☺ mais je ne le fais pas pour avoir forcément un retour.

Quels conseils donnerais-tu à quelqu'un qui souhaiterait lancer son Blog ?

Un Blog c'est vraiment le principe du partage, conseil: ne pas se prendre la tête comme le dirais Lou du Blog Inclassable ! Croire en soi et surtout ne pas hésiter à contacter d'autres blogeuses, comme je le vois avec Lou, on peut vraiment avoir de très belles surprises.

Le mot de la fin c'est ?

Le mot de la fin: pluie de bienveillance sur vous les blogeuses et battons-nous pour la survie du monde du Blogging {malgré l'attaque Facebook} et au plaisir de se lire !

Inclassable le Blog

Quand as-tu ouvert ton blog et pourquoi ?

J'ai tout d'abord ouvert une page Facebook au mois d'août 2017 et mon Blog dans la foulée en octobre 2017, l'engouement a été quasi immédiat et aujourd'hui après moins d'un an de Blogging, j'ai 2534 abonnés sur Facebook et un Reach sur mon Blog de 17 274 personnes ! C'est carrément fou !
Dans les cinq premiers mois, mon Blog a été mis 4 fois à l'honneur sur Hellocoton et cela m'a permis d'avoir de jolies répercussions sur le flux de mon Blog.
J'ai ouvert mon Blog pour l'amour de l'écriture et du partage, j'ai eu la chance de travailler dans la presse, à la radio, j'écris des livres celui-ci est le premier à sortir mais deux autres arrivent, un roman pour les ados et un livre pour les tout petits !
C'était pour moi une vraie évidence ☺

Est-ce ta seule activité ?

Je suis une slasheuse ☺ Blogeuse professionnelle et Illustratrice de: https://louillustrations.com/, je suis auto-entrepreneur et je m'éclate avec mes deux passions !

D'où vient son nom ?

Inclassable me colle à la peau !
J'ai horreur des étiquettes…et en lisant mon Blog tout le monde comprend le sens même du nom de mon Blog ☺

Comment définirais-tu ton univers ?

Un univers parfois haut en couleurs, je dis toujours ce que je pense…n'en déplaise à certaines personnes, quand je fais un partenariat si il y a un truc que je ne trouve pas
Au top je le dis ☺ et d'ailleurs mes partenaires me remercient de ma franchise, leur but: s'améliorer et l'honnêteté pour moi c'est primordial.
Mon univers est Lifestyle, des tranches de vies.

Utilises-tu des logiciels de retouche photos et lesquels ?

J'utilise Canva et Photoshop et souvent en tout cas sur Instagram c'est: No filter !

Comment t'organises-tu pour tes publications, as-tu un planning très précis ?

J'ai un vrai planning, je suis extrêmement organisée ! je fais deux articles par semaine sur le Blog, un ou deux concours sur Facebook par semaine mais cela est planifié longtemps à l'avance, du papotage avec mes abonnés le lundi et vendredi et je case mon travail d'illustratrice dans ce planning, mes rendez-vous pour le Blog, mes mails ect…
J'ai un réel besoin d'organisation, tout est structuré sauf le " papotage " avec mes abonnés qui lui est instantané ☺

Comment es-tu arrivé à te faire connaître ?

Les personnes sont venues sur mon Blog grâce aux 3 articles coup de cœur de la plateforme Hellocoton et le fait que j'ai également été Blog " de la semaine " sur Hellocoton, ensuite je partage et dialogue beaucoup sur les groupes de Blogging, je visite les Blogs des copines, je lis les articles dont le titre m'interpelle et je commente ☺

Ton succès a démarré à quel moment, suite à quel article ?

Suite surtout à un article mis en avant sur Hellocoton: Blogeuse pro en 2018 https://inclassableleblog.com/2017/10/31/blogeuse-pro-en-2018/ et un autre article sur la polémique de l'enterrement de Johnny Hallyday, le chanteur qui a baigné toute mon enfance, j'ai écrit cet article à minuit suite à l'annonce de son décès…en pleurs et brut comme ma personnalité !

Es-tu dans une Agence pour blogeuses, si oui laquelle ? Où préfères-tu gérer tes partenariats seule ?

Au début j'ai pensé à m'inscrire dans une Agence de blogeuses pour mes partenariats comme: l'Agence des Blogeuses mais comme il faut un an de Blog j'ai vite abandonnée l'idée et tout compte fait je ne le ferais pas ! Je préfère être LIBRE !

Fais-tu des articles sponsorisés ou de l'affiliation ?

Des articles sponsorisés de produits gratuits comme: Quitoque dont j'ai adoré leurs paniers gourmands clé en mains, quelques imperfections que j'ai fait remonter avec
Mon article sur leur marque, un partenariat que j'ai aussi voulu: Terracai ou la baie d'Açai que j'ai découvert la première fois grâce à un reportage TF1 sur la marque Terracai
J"ai eu envie de tester et je l'ai ai contactés, je n'ai vraiment pas été déçue ! C'est TOP ☺ de l'affiliation très peu c'est un peu contraignant et je n'ai pas envie qu'on me dicte ce que je dois écrire…ma liberté avant tout !

Acceptes-tu tous les partenariats que l'on te propose ?

Sûrement pas ! Je ne suis pas un Blog " je teste tout et n'importe quoi, dès l'instant ou c'est gratuit " j'en refuse beaucoup ! Je sélectionne ceux qui m'interpellent !

Comment vois-tu l'avenir, as-tu des projets ?

Des projets j'en ai plein la tête !
Je vais laisser le temps au temps pour le Blog…on verra bien ce que cela donne ☺ des envies d'écriture pour un roman.

Quels conseils donnerais-tu à quelqu'un qui souhaiterait lancer son Blog ?

Si vous voulez ouvrir un Blog pour avoir des choses gratuites et que c'est votre motivation, cela ne marchera pas…ou pas longtemps ! Un Blog c'est un travail colossal, on le fait avant tout par passion et si cela permet un jour d'en vivre c'est la cerise sur le gâteau !

Le mot de la fin c'est ?

Ne copier personne, soyez vous-mêmes !

Voici la partie "ressources" du livre pour pouvoir vous aider au mieux afin d'optimiser votre blog, je vais vous décrypter à peu près tout ce qui existe en matière de Blogging surtout si vous aimeriez un jour vivre de votre Blog ☺

L'affiliation, les agences de Blogeuses, les articles sponsorisés, les différents réseaux sociaux passés au crible pour qu'ils deviennent efficace pour votre Blog, l'algorithme Google et autres…les liens No et Do Follow et ……….

À vous de découvrir la suite au fil de votre lecture ☺

Hellocoton

La plateforme HELLOCOTON regroupe l'ensemble des blogs, Lifestyle, Mode, Famille, Beauté, Humeurs, Cuisine, Créa-Déco, Culture, on y découvre de nouveaux talents et les coups de cœurs de la rédaction chaque jour.

Si vous avez un Blog et que vous n'êtes pas encore inscrit sur Hellocoton, je vous conseille vivement de vous y mettre, mais mieux que moi c'est Anne Directrice Éditoriale d'Hellocoton qui va à travers cette interview vous expliquer tous les avantages de le faire.

http://www.hellocoton.fr/

Tu es Directrice éditoriale de la plateforme Hellocoton, peux-tu nous expliquer ce qu'est cette plateforme et à quoi elle sert ?

Hellocoton est une plateforme communautaire d'influenceuses. Nous sommes également un site dénicheur de talents et de tendances repérées chez les influenceuses. Tous les jours, nous proposons une sélection des meilleurs articles publiés sur les blogs et des news toutes fraîches sur ce qui buzze sur la toile et les réseaux sociaux.

Penses-tu qu'il est important dès l'instant ou on ouvre un Blog, de s'inscrire sur Hellocoton, quels bénéfices ?

Oui, je conseille fortement de vous inscrire sur Hellocoton si vous ouvrez un nouveau blog. Notre plateforme est dédiée à 100% aux blogs et elle reste la référence chez les influenceuses qui visitent le site de manière quotidienne ! Référencer son blog sur Hellocoton, c'est lui donner la possibilité de se faire connaître auprès d'un public intéressé et de gagner de nouvelles abonnées. Hellocoton vous permet aussi de vous abonner aux blogs que vous aimez et ainsi de ne manquer aucun nouvel article.

Tu as toi-même un Blog, comment t'es venue l'idée d'en ouvrir un, que partages-tu avec tes abonnés et pourquoi le nom " Annouchka " ?

Mon blog existe depuis dix ans, ça me paraît tellement loin aujourd'hui ! À l'époque, j'avais surtout envie de partager mes coups de cœur et mes humeurs dans des domaines variés. Cela n'a pas changé puisqu'aujourd'hui je continue à donner mon avis sur tout et à partager des petits morceaux choisis de mon quotidien. Mais ma démarche est un peu plus esthétique qu'il y a dix ans… Si vous voyiez les photos de mes premiers articles !

Il y a beaucoup de choses qui circulent sur l'algorithme d'Hellocoton, y'a-t-il réellement des heures pour publier ? Y'a-t-il une chose à faire en particulier pour être un jour coup de cœur de la rédaction ?

L'heure de publication de vos articles ne change rien car la rédaction se base sur les dernières 24h pour sélectionner ses coups de cœur. Le vendredi reste néanmoins un bon jour pour poster car s'il est sélectionné par la rédaction, il sera à la Une jusqu'au lundi matin… Mais il y a aussi plus de concurrence !

Il n'y a pas de recette magique pour faire partie des « coups de cœur » mais un contenu soigné, actuel ou « qui vient du cœur » aura toutes ses chances d'être mis en avant et de plaire à vos abonnées (car c'est avant tout de vos abonnées dont il s'agit !).

Seuls les articles avec une photo minimum sont sélectionnés en « coups de cœur » par la rédaction pour des raisons évidentes d'esthétisme et de mise en page sur notre page d'accueil du site. Nous n'avons pas d'exigences particulières sur la qualité des images (tout le monde n'a pas la chance d'être photographe) mais s'il vous plaît, évitez les photos floues ou trop sombres.

Que conseillerais-tu à quelqu'un qui souhaite lancer son Blog de manière professionnelle, Quelles sont les erreurs d'après toi à ne pas commettre ?

Vouloir lancer un blog de manière professionnelle est audacieux tant la concurrence est grande. Pour réussir à se démarquer, je conseille de créer un concept fort et de tenir une ligne éditoriale précise. Les blogs professionnels qui réussissent sont souvent des blogs experts dans un domaine, qui apportent un réel bénéfice aux lecteurs et dont le concept parle à un public ciblé.

Mais n'oublions pas que pour professionnaliser son blog et donc le monétiser, il faut d'abord générer de l'audience et cela peut prendre des mois, parfois même des années. Soyez donc patiente et jouez la stratégique !

L'erreur serait de vouloir aller trop vite et de brûler certaines étapes essentielles comme construire son public et gagner la confiance de sa communauté.

Le visuel d'un Blog a-t-il son importance ?

Oui évidemment ! Le design de votre blog représente votre univers et votre carte d'identité sur la toile, c'est comme-ci vous invitiez quelqu'un à entrer chez vous. Attention toutefois aux designs trop personnalisés car le lecteur doit aussi se sentir chez lui lorsqu'il se rend sur votre blog.

Un design de blog réussi est un design épuré qui met en avant le contenu du blog et propose une navigation agréable. Personne n'aime les sites fouillis avec des pubs qui clignotent et des pages qui s'ouvrent n'importe comment !

Utilises-tu des applications de retouches pour tes photos? Si oui, lesquels ?

J'utilise le logiciel Lightroom pour retoucher les photos que je publie sur mon blog mais je ne modifie que certains paramètres comme la clarté des photos. Je ne touche jamais aux couleurs, grain de peau etc... Il m'arrive d'ajouter des filtres (Packs VSCO pour Lightroom) pour rendre mes images plus vivantes mais c'est tout.

Je me sers également de l'application VSCO pour publier mes photos sur Instagram mais ce n'est pas systématique. Je m'aperçois que je m'en sers de moins en moins et que je poste directement sur Instagram sans filtre ni retouche.

Que penses-tu des Agences pour Blogeuses ?

Ces agences sont un vrai levier à la fois pour les influenceuses qui souhaitent monétiser leur blog et pour les marques qui veulent gagner en visibilité. C'est une vraie stratégie win-win si les campagnes sont menées de manière intelligente.

Comment arriver à se faire une place en 2018 dans la Blogosphère, y ' a-t-il d'après toi une recette ?

Il n'est jamais trop tard pour se faire une place dans la blogosphère, bien au contraire ! C'est un monde qui évolue sans cesse et le public est avide de nouveautés. Mais comme je le disais plus haut, pour se démarquer mieux vaut arriver avec un concept ou une ligne éditoriale très forte ou un ton qui vous caractérise.

Je travaille depuis dix ans chez Hellocoton et croyez-moi, un blog écrit avec passion, talent et régularité, finit toujours par se faire connaître.

Beaucoup d'influenceurs pratiquent l'affiliation, qu'en penses-tu ?

Les liens affiliés sont un bon moyen de monétiser son blog tout en restant libre de son contenu. C'est une technique qui fonctionne très bien si vous avez une bonne audience et su créer une relation de confiance avec votre lectorat.

L'affiliation est mieux perçue par le public car elle s'intègre naturellement dans les contenus, tandis que les articles sponsorisés sont souvent jugés « faux » ou trop commerciaux. Car si le lecteur conçoit tout à fait que touchiez une commission sur un produit que vous aimez et que vous recommandez, il apprécie moins le fait que vous soyez rémunéré par une marque pour rédiger un contenu entièrement sponsorisé.

Quand on est Blogeuse faut-il avoir un calendrier éditorial et écrire un certain nombre d'articles par semaine pour sortir du lot ?

Non et si c'était le cas, la plupart des blogs n'existeraient plus... Certaines blogueuses sont effectivement très organisées et gèrent leurs blogs comme une petite entreprise, en suivant un planning très précis qu'elles s'imposent. Mais on peut très bien bloguer de manière plus spontanée, sans décider des semaines à l'avance de ce que l'on va publier. C'est d'ailleurs ce qui fait tout le charme des blogs ! Personnellement, j'aime les articles qui sont écrits « à chaud » car ce sont ceux qui font passer le plus d'émotions.

Concernant le rythme de publication, il n'y a pas de règles mais il vaut mieux être régulier, surtout si vous débutez et que vous cherchez à vous faire connaître. Un ou deux articles par semaine, c'est déjà pas mal ! Ce qui compte reste quand même la qualité de vos articles... S'ils sont agréables et intéressants à lire, vos lecteurs vous suivront quoi qu'il arrive.

Quelles sont d'après toi les qualités indispensables pour être Blogeuse professionnelle ?

Devenir blogueuse pro ne se fait pas en un jour ! En général, les blogueuses qui franchissent le pas ont déjà de l'expérience dans le domaine, elles connaissent toutes les ficelles du système, savent rédiger des contenus percutants et les partager de manière optimale sur les réseaux sociaux (Facebook, Instagram, Twitter...). Elles sont également capables d'animer et fidéliser leur communauté.

C'est donc un travail de tous les instants qui peut être très chronophage et nécessite de l'organisation et une grande disponibilité.

Certaines Blogeuses pensent que dès l'instant ou on est pro, on est moins sincère, qu'en penses-tu ?

On peut tout à fait rester sincère en étant blogueuse pro, ce qui compte c'est de bien choisir les marques avec lesquelles on travaille et de veiller à ce qu'elles correspondent aux valeurs que l'on essaie de partager. Si vous restez cohérent, votre communauté continuera à vous faire confiance.

Blogeuse est-ce réellement un métier ?

Si l'on s'en donne les moyens, oui ! Beaucoup de blogeuses pro revendiquent effectivement le fait que bloguer soit un vrai métier, avec toutes les contraintes que cela implique, comme la charge de travail qui peut être très importante, la peur de ne pas gagner correctement sa vie, la peur de la concurrence…

On ne voit souvent que la partie « paillettes » d'un blog, à savoir la notoriété de la blogueuse, les cadeaux qu'elle reçoit ou ses voyages à travers le monde. Mais derrière chaque blog qui réussit, il y a un énorme investissement personnel !

L'envers du décor est beaucoup moins funky car il s'agit de gérer une véritable entreprise. C'est à dire créer sa structure, démarcher les clients, faire sa comptabilité et autres joyeusetés.

Donc oui, c'est un vrai métier avec pas mal de remous et dont vous êtes le seul maître à bord !

Comment vois-tu la Blogosphère dans 2 ans ?

Elle évolue tellement vite que c'est difficile de se projeter aussi loin. Ce qui est sûr, c'est que cela fait des années que l'on annonce la mort des blogs mais qu'ils sont toujours aussi nombreux… et bien vivants !

Plus sérieusement, le boom récent d'Instagram et du micro-blogging a forcément eu un impact sur les blogs. Cette multiplication des supports est difficile à gérer pour les influenceurs qui doivent être partout à la fois. Mais pour le moment, seuls les articles de blogs ont une réelle existence sur la toile et les moteurs de recherche comme Google.

As-tu des projets ?

Je viens d'ouvrir un blog de mode qui s'appelle « Le Dressing Idéal ». J'y donne des conseils pour optimiser sa garde-robe et je propose des looks simples constitués essentiellement de vêtements basiques et intemporels. Mon objectif est d'aborder la mode de manière à parler à toutes les femmes ou presque.

Voici le lien : http://www.ledressingideal.fr/

Le mot de la fin c'est ?

Ne perdez pas votre temps à faire des choses qui ne vous passionnent pas, la vie est trop courte !

Vous pouvez retrouver Anne sur son Blog Lifestyle: Annouchka ici:

http://www.annouchka.fr/

Ainsi que son Blog Le Dressing Idéal plus récent ici:

http://www.ledressingideal.fr/

Les réseaux sociaux

Les réseaux sociaux et leurs différents Algorithmes ont presque tous changé en 2017/2018 mais ils devraient rester stables environ 2 à 3 ans.

Pour pouvoir générer du trafic sur un Blog, il est très important de maîtriser correctement les différents réseaux enfin ceux que vous aurez choisis, inutile d'être sur tous les réseaux {sauf Pinterest mais je vous l'expliquerai pourquoi plus loin dans le livre}, mais ceux que vous aimez vraiment et que vous ne laisserez pas non plus à l'abandon, la première chose à savoir c'est qu'il faut être actif un minimum et comprendre comment le réseau fonctionne, son algorithme et comment en tirer un bénéfice pour son Blog.

L'algorithme Facebook

La priorité des publications est donnée aux contenus et aux partages de votre famille et de vos amis, ainsi est relégué au second plan les contenus des pages, tels les blogs et les marques sauf si vous payez pour faire de la pub **{Post sponsorisé}.**

L'enjeu est en réalité financier pour Facebook dont 95 % des revenus proviennent de la publicité ainsi si les médias et les marques veulent rester visibles, ils devront recourir à la sponsorisation pour combler leur manque à gagner et leur visibilité pour la blogosphère en général.

Une astuce est de dire à vos abonnés de mettre votre page en " voir en premier " mais ce n'est possible que pour 30 pages ou bien leur suggérer de se rendent directement sur votre page s'ils ne voient plus vos publications car vos posts ne sont vus que par seulement 8 % d'entre eux.

Une autre astuce pour rester actif quoi qui se passe dans votre vie, consiste à programmer quelques posts sur ce réseau.

Instagram

Tout comme Facebook puisque **Instagram** appartient aussi à Mark Zuckerberg, ce réseau a également un tout nouvel algorithme.

Comment fonctionne Instagram:

C'est tout d'abord une plateforme sociale tournée vers le visuel, il est donc important voir primordial d'avoir des photographies de hautes qualité.

Ce nouvel algorithme ouvre des portes pour améliorer sa présence sur Instagram, car ce n'est plus la taille de l'audience qui prime, mais son contenu qui doit être pertinent et de qualité, à vous de vous démarquer intelligemment pour sortir du lot, voici quelques pistes:

Tout d'abord le fameux hastag...celui-ci doit être cohérent avec la photo et doit être mis de façon adéquate dans la publication, voici un exemple:

- Votre texte suivi de:

-

-

-

-

Et les hastags.

Le nombre doit être également limité, inutile d'en mettre une vingtaine car Instagram vous pénalisera, mieux vaut en mettre entre 5 et 10, autre conseil les hastags célèbres vont noieront dans la masse, exemple:

Au lieu de mettre hastagblogeuselifestyle choisissez plutôt hastagblogeuselifestyle avec un petit émoticône accolé, vous verrez que le nombre est moins important et peut ressortir plus facilement dans le fil d'actualité.

Utilisez les nouvelles fonctionnalités que ce réseau met en place est une chose importante à ne pas négliger, Instagram dans ce cas précis vous favorisera, pour cela il suffit de taper dans la barre de recherche l'hastag recherché, exemple:

- Taper hastagblogpost et vous y abonnez, Instagram met en valeur le contenu proposé par le biais de ce mot clé.

Ne surtout pas modifier les hastags que vous avez mis dans les premières heures suivant votre publication, ceux-ci n'auront plus de valeur aux yeux d'Instagram et votre publication ne sera plus visible.

Il faut aussi éviter le Shadow Banning, ce qui veut dire que si vous utilisez des hastags comme ceux-ci:

• Hastagmodels, hastagpetite, hastagstreetphoto, hastaginstagirl, hastagsnapchat ect....votre publication ne sera pas visible dans la recherche des hastags et donc pas vu des personnes qui ne vous suivent pas, Instagram a établi une liste de Shadow Banning, ce qui placera votre publication directement dans le néant.

Qu'est-ce qui plaît à Instagram ?

Les publications avec une géolocalisation, ces dernières obtiennent 50 % du taux d'engagement, exemple:

• Si vous publiez une photo prise dans une rue de paris, l'hastag important sera: hastag +paris ou hastag+nom de la rue + paris.

Les publications avec des visages obtiennent plus de j'aime.

Les publications mentionnant d'autres comptes avec dans la légende l'arobase concerné obtiennent 56 % d'engagement.

Les publications lumineuses avec des tons bleu/gris ou rose poudré reçoivent plus de likes.

Pour savoir ce qui plaît à vos abonnés, n'hésitez pas à leur soumettre un petit sondage en story.

Mettre une publication en terminant par une question est plein de bons sens pour générer une interaction.

Publier à l'heure d'audience de votre communauté, si votre compte est professionnel, il suffira de lier la page Facebook au compte Instagram afin de voir dans les statistiques les plages horaires préférées de votre audience.

Lorsque vous mettez une publication, seul 10 % de l'audience la voit, si la photo plaît et si il y a beaucoup de j'aime et d'interaction, Instagram déduira que le post plaît et le diffusera à une audience plus large.

Ce que veut Instagram avant tout c'est de l'authenticité et que l'utilisateur garde cette notion de partage.

Il est possible aussi pour rester actif sur ce réseau de programmer quelques publications grâce à l'outil LATER.

Twitter

Twitter c'est plusieurs centaines de millions d'utilisateurs à travers le monde.

Pour que les Tweets soient retweetés et largement diffusés, ils doivent générer l'engagement de votre communauté.

Les Tweets qui feront le Buzz dépendent de:

- Sa " fraîcheur "

- Son format et son nombre d'interaction et de Retweet, les j'aime et les commentaires
- Votre profil et le nombre de fois où vous êtes connecté
- Avoir une communauté de Followers engagés.

Comme tous les réseaux vous devez être actif !

Snapchat

Avec le nouveau algorithme, **Snapchat** s'occupent des choix réalisés par les humains pour que vos goûts personnels matchent avec les contenus proposés par ce réseau.

Cette application permet de communiquer avec ses amis sans jugement public contrairement aux autres réseaux sociaux tels que Facebook.

Sur ce réseau on y partage nos propres créations et non celles des autres.

L'application propose des filtres rigolos et en adéquation avec les Snpas que vous ferez, si vous snappez un chat, un chien, vous accéderez a un filtre adapté.

C'est une application qui plaît énormément aux jeunes et aux ados.

Cette application grâce à l'analyse de votre engagement peut déduire très facilement vos centres d'intérêt.

Pinterest

C'est sans nul doute le réseau social qui peut rapporter le plus de trafic.

Le principe, vos images que vous épinglées sur des tableaux {pas plus de 50 par tableaux}, ces tableaux doivent avoir un nom court mais pertinent, les images doivent être jolies, amusantes, insolites...cohérentes dans le tableau.

Bien sûr il faut également du texte pour les accompagner et cela peut faire toute la différence.

Pinterest n'est pas vraiment un réseau social mais plutôt un outil en recherche d'idées et d'inspirations et qui dit recherche dit forcément algorithme basé sur des mots.

L'image est primordiale aussi car Pinterest au premier coup d'œil est surtout visuel, cette dernière doit être au format " Pinterest " et pour cela vous pouvez utiliser l'application CANVA.

Le but pour vous étant que les personnes trouvent votre image jolie et que cette dernière donne suffisamment envie pour aller plus loin et cliquer pour lire l'article et le ré-épingler.

Pour une efficacité optimale, la description devra comporter:

- Des mots clés, on peut y ajouter aussi des hashtags dans la description de l'épingle.
- Le texte doit être convaincant pour inciter les internautes à en savoir plus et susciter la curiosité, une à deux phrases concises suffisent.
- Ne pas être centré sur soi mais prendre en considération votre lectorat.
- Mettre le bouton " Pin-it " du navigateur, ainsi plusieurs images peuvent être proposées et pour être épinglées.

Pinterest est un bon moyen de gagner du trafic sur son Blog grâce à une pertinence accrue.

Épingler 50 épingles par jour est une bonne moyenne pour pouvoir lancer le trafic vers son Blog, pour cela il est possible d'automatiser la tâche grâce à l'application: Buffer.

Pour savoir si un article va plaire sur Pinterest, taper dans la barre de recherche le nom du sujet en question et voir ce qui en découle, est-ce vraiment un sujet qui intéresse ?

Soyez perspicaces !

C'est en tout cas l'un des réseaux les plus prometteurs en terme de trafic et plus d'un Blog a vu ses statistiques décollées grâce à lui, passez-y du temps, ça vaut vraiment le coup.

Vous trouverez sur le Net de nombreux articles sur le sujet pour bien comprendre et maitriser ce réseau.

YouTube

L'algorithme YouTube prend en compte le nombre de vues, les commentaires en autre pour renforcer le classement de votre vidéo, mais pas que.

Une vidéo qui fera 10 000 vues et une autre qui elle fera en 100 000 aura un classement non au nombre de vues, sinon celle de 100 000 sera devant celle de 10 000 mais aux minutes regardées de votre vidéo, plus les internautes passent du temps dessus, mieux vous serez placé.

L'algorithme YouTube prendra en référence en premier:

Le temps de visionnage,

Le nombre de vues et en dernier le nombre d'abonnés.

YouTube n'est pas un réseau social Comme les autres, on pourrait le comparer à une immense bibliothèque de contenu.

Quand vous regarder par exemple un tuto en vidéo sur YouTube, vous avez toujours sur le côté droit des suggestions d'autres vidéos, la vôtre si vous, vous débrouillé bien pourrait en faire partie, mais comment ?

Tout d'abord, mettez un mot clé dans le titre de votre vidéo mais Comme souvent les meilleurs mots clés sont très concurrentiels, préférez un mot proche

Du même champ lexical, ainsi il y a des chances que votre vidéo soit dans les suggestions d'une autre.

Vous pouvez aussi, taper dans la barre de recherche un mot, une phrase afin de voir ce qu'il en ressort ou comment YouTube terminé votre phrase, ainsi vous serez ce qui intéresse les internautes.

Établissez avant même de publier votre vidéo, une liste de titres que vous pourrez vérifiés ainsi que des tags et des tags associés.

Cette plateforme a des chaînes familiales qui fonctionnent plutôt bien ou les personnes filment leur quotidien, teste des produits, cela me fait un peu penser à de la télé réalité, ce n'est pas ma tasse de thé mais ils ont le mérite d'être là, ils réalisent ce que l'on appelle des Vlogs.

Enfin, si vous ne pensez pas réaliser une vidéo ou vous apporterez un contenu nouveau, une réponse à une question, un joli montage même sans être une pro, ne perdez pas votre temps sur YouTube et préféré les réseaux sociaux qui vous correspondent.

Le montage d'une vidéo est fastidieux et prend plusieurs heures si elle n'est pas exécutée en direct.

L'Affiliation

Qu'est-ce que l'affiliation ?

Beaucoup de blogeuses, bloggeurs utilisent ce moyen et le parrainage pour gagner un peu d'argent mais ne devenez pas pour autant une Agence de pub avec beaucoup voit beaucoup trop de pubs, de liens vers votre Blog.

Quand une Blogeuse pratique l'affiliation, elle met un lien soit dans un article, soit dans un post sur les réseaux sociaux et ce lien lui est propre.

Ce lien lui sert à être rémunérée, si un internaute clique dessus et commande via son lien, la blogeuse touchera une commission qui peut aller de 3 à 8 % sur la vente.

Il y a différents liens qui existent:

- Les liens textuels

- Les liens par bandeau publicitaire

- Les liens vers n'importe quelle page

- Les Widgets

Décortiquons cela....

<u>Les liens textuels:</u>

Ce sont sans nul doute les plus simples, il s'agit d'un lien qui vous est propre et que vous copiez une fois inscrit sur une plateforme d'affiliation, ce lien est ce que l'on appelle un lien tracké, si vous mettez ce lien à la fin d'un post sur les réseaux ou sur un article du Blog, la personne qui cliquera dessus sera automatiquement redirigé vers le Site marchand.

<u>Les liens en bandeau publicitaire:</u>

Il est possible de les ajouter sous forme de Widgets soit dans la barre latérale du Blog ou dans le pied de page de votre Site, ces liens s'affichent sous forme de bannière proposée dans différents formats.

Les liens vers n'importe quelle page:

Ces liens sont intéressants si vous rédigez un article sur une gamme de produits, ce lien mènera directement à la page du Site ou ils sont regroupés.

Tous ces liens sont efficaces, à vous de choisir ceux qui vous conviendront le mieux si vous souhaitez faire de l'affiliation.

Pour trouver ces sites d'affiliation, taper dans la barre de recherche de votre navigateur le mot affiliation blogeuse et là vous aurez plein de sites le proposant.

Par exemple: Amazone avec son club partenaires, la plateforme Brand You Like qui propose plusieurs campagnes d'affiliation et aussi des articles sponsorisés.

Les articles Invités

Les articles invités sont-ils une bonne manière de faire connaître son Blog ?

Tenir un blog prend du temps.... beaucoup de temps.

Indexé sur le blog via les moteurs de recherche, établir une stratégie digitale optimal est longue... écrit un article invité pour un blog d'autorité et peut-être une bonne idée mais comment faire ?

Vous pouvez tout d'abord lors d'un article sur votre blog cité en mettant le lien vers le blog en question une blogeuse influente dans la thématique de votre article ou en écrivant par exemple une citation tout droit sorti du Blog de l'intéressée.

Vous pouvez également envoyer à cet influenceurs un mail en lui expliquant que vous avez adoré son article et que du coup celui-ci était complémentaire du vôtre, vous avez donc naturellement mis un lien vers son article.

Mais les influenceurs sont extrêmement sollicités chaque jour donc soyez convaincant et demandez pas à l'influenceur directement de partager votre article sur les réseaux sociaux, soyez plus stratégique et cela ne veut pas dire que vous le faites juste pour être connu, vous appréciez forcément ce blog et ses différents articles sinon vous ne faites pas.

Tout ce qui est faussé à la base ne va pas bien loin sur le long terme, envoyer lui un e-mail du style bonjour (nom de la blogeuse) j'ai énormément apprécié ton article (le citer) qui m'a appris (apporté) beaucoup, citer un exemple j'ai donc explorer le sujet un peu plus en profondeur et j'ai mis un lien vers ton article (cité l'article) que je pense complémentaire du mien n'hésite pas à me dire ce que tu en penses, merci du fond du cœur, Ton contenu est toujours au top !

À bientôt,

Votre prénom {Nom de votre Blog: Lien}.

PS: N'hésite pas à repartager mon article si ce dernier t'a plu.

Cette pratique s'appelle le " Outreach Emails " aux États-Unis.

Les articles invités ne sont pas rémunérés.

Monétiser son Blog

C'est une pratique très répandue dans la blogosphère, quand vous arrivez avoir un certain nombre d'abonnés.

Quelles sont les règles ?

Quel tarif appliqué ?

Quel est votre score de **Domain Autority** qui intéresse tant les agences de référencement ?

La monétisation:

Tout d'abord le fait de monétiser son blog me retire rien à la ligne éditoriale.... quand on est blogueuse professionnelle, c'est un métier et il est de toute façon fait avec le cœur, pourquoi serions-nous moi honnête parce que pro ?

Dès l'instant où cela reste dans la ligne de conduite du blog personnellement je n'y vois aucun inconvénient, blogueuse est un métier à point c'est tout !

Aujourd'hui les blogeuses sont devenues un média un incontournable qu'il faut prendre en considération, parce que authentique pour les abonnés, la blogueuse est une consommatrice lambda, le blogueur de par son métier donne de la visibilité aux marques qui elles le mêmes y trouvent leur compte, sinon elles continueraient à faire de la publicité comme avant dans les magazines ce qui est d'ailleurs un budget énorme.

quand j'étais moi-même créatrice de l'univers des bébés pour faire une pub si je choisissais une page complète dans un magazine très en vue du secteur, la pub était de l'ordre de 5000 à 6000 € autant vous dire qu'aucunes marques ne paient ce prix pour un article dans le monde des influenceurs, sauf peut-être chez les influenceurs que vous voyez à la télévision.

Alors comment peut-on gagner de l'argent avec son blog ?

Tout d'abord: la publicité sur le blog soit par contact direct avec l'annonceur ou par une régie publicitaire, le blog réserve un espace par exemple dans la colonne latérale du Blog sous forme de bannières disponible en différents formats, certains affichages sont rémunérés au clic chaque personne qui consultent en

Cliquant sur l'image rapporte une somme fixe mais généralement, c'est au nombre de vues exemple: un euro toutes les 1000 vues.

Les articles sponsorisés:

Sont des contenus publiés à la demande de l'annonceur (une marque) et pour lequel la blogueuse ou le blogueur est rémunéré mais comment déterminer le tarif à appliquer ?

Tout dépend de votre visibilité et de votre influence, mais influence ne veut pas dire forcément 3 millions d'abonnés surtout avec une pratique tabou mais répondue dans la blogosphère: l'achat de Followers ou de Likes.

Tout d'abord ce qui fait votre force et influence sont:

- l'engagement de volume et la qualité des interactions aussi bien sur vos réseaux sociaux que sur votre blog.

La portée de vos publications, facile à voir sur Facebook le mieux étant la portée organique donc naturelle, si d'autres personnes parlent de votre blog en le taguant régulièrement ou en partageant une de vous publication sur leur propre réseau, si ce sont des sites dit d' autorité dans leur domaine c'est plutôt une bonne chose.

Les agences de référencement regarderont votre " **Domain Autority** "c'est le score entre 0 et 100 et plus il est important mieux c'est, vous pouvez connaître votre score en tapant l'URL de votre Blog soit:// https://www.lenomdublog.com ou Fr...Sur le site **MOZ**, je l'ai fait pour tester mon score et il est de 8/100 ce qui me fait plaisir au bout de 7 mois de blog et surtout j'ai tapé l'URL d'une influente avec plus 150 000 abonnés et là est là son score était de 1 sur 100 ! Y'a t'il chez cette blogeuse de l'achat d'abonnés sur son Blog et du coup la crédibilité n'est pas top ?

Quel tarif appliquer ?

Maintenant que vous savez ce qui sera probablement pris en compte:

Deux pratiques: la marque vous propose une rémunération ferme et définitive vous avez surtout les mains liés pour écrire votre article puisqu'il sera dicté par la marque, aucun intérêt pour moi surtout que cela ne sera pas votre propre ressenti par exemple sur un test produit ou un concept, la critique que l'influenceur va émettre ne pourra que faire avancer la marque sur une

Défaillance à changer il ne flouera pas vos abonnés, acheteur potentiel votre intégrité en dépend.

Quand c'est vous qui rédigé l'article et c'est ce que je vous conseille afin d'être le plus transparent possible il y a plusieurs indicateurs à prendre en compte pour l'élaboration du tarif que vous appliquerez à savoir:

le temps que vous avez passé à rédiger l'article pour cela il va lui votre taux horaire prenez en compte la déduction de vos charges Car vous devez avoir un statut micro entreprise, de portage salarial etc.... pour établir une facture, si vous décidez désirez gagné 20 € net il faudra dans ce cas facturé 40 € ça sera donc le prix de rédaction de votre article à savoir que le tarif moyen d'un article de 500 mots est compris entre 60 et 100 50 € en général, ne brader pas votre travail.

Votre valeur, votre influence et notoriété votre tarif dépend également de cela pour revendiquer votre prix, revendiquer votre légitimité auprès de votre lectorat, vos statistiques de blog et de Google analytique, l'interaction avec vos lecteurs, essayer d'être cohérent dans votre démarche de devis l'orque vous l'établissez.

Votre argumentaire doit être au top pour convaincre la même marque que vous êtes la bonne personne, une très bonne chose à faire est de créer un Media Kit de votre Blog et de le joindre par e-mail à votre interlocuteur.

N'oubliez surtout pas la fin d'un article de mettre la mention: Article sponsorisé, c'est une obligation du législateur par l'article de loi L. 213–1 du code de la consommation qui prévoit une forte amende voir deux d'emprisonnement en cas de l'absence de cette mention.

Quel bénéfice pour les marques de faire appel à un influenceur ?

Les influenceurs sont devenus en quelques années des partenaires incontournables de la stratégie digitale, la marque faisant appel à ces derniers

Vont porter Leur message marketing et accroître la notoriété de leur nom et aussi doper leurs ventes, cette stratégie peut s'avérer payante pour les marques et ces dernières l'on bien comprit.

Le référencement ou comment optimiser son blog, vaste sujet que le référencement (SEO), comment remonter en tête de liste sur les moteurs de recherche et voir son blog indexé par Google ?

Tout commence par un article sur le blog, ce dernier doit avoir un titre suffisamment explicite et correspondre à une recherche des internautes il doit porter quelque chose en plus sur le sujet.

En premier lieu: **le titre**

Dans le premier et le dernier paragraphe votre titre doit s'y retrouver exemple: titre comment indexé votre blog,

Premier paragraphe un petit bla-bla et je vais vous expliquer comment indexé votre blog

Dernier paragraphe j'espère que mon article sur comment indexer votre blog vous a plu.

Soit on passe par une agence spécialisée en référencement mais cela a un certain coup où on pratique le référencement naturel en faisant attention aux liens do et no Follow (copie coller article là-dessus Blog Moi).

Le référencement de son blog sur Google :

Tout d'abord il faut optimiser votre article pour Google éviter que la balise Title soit trop longue sinon elle risque d'être coupée, voici la check-list SEO pour Google:

Rechercher des mots-clés voir des phrases, pour trouver les mots-clés qui colleront à votre article...à Google et recherche des internautes utiliser **Adwords. Google.com** utilisez pas 50 mots-clés dans votre article Google pourrait bien vous pénaliser pour sur- optimisation, essayer d'en utiliser 4 ou 5

Et renforcer votre article des mots issus du même chant sémantique que votre mot-clé.

Il suffit une fois inscrit sur un de **Adwords .Google.com** de taper un mot-clé dans la barre de recherche dédié, s'ouvrira ensuite le résultat des internautes sur le nombre exact de recherche sur le sujet, vous découvrirez le nombre de recherche mensuel par ce mot-clé et la concurrence.

Les mots à fort trafic sont intéressants mais il s'agit pour vous de vous positionner et de ne pas être noyé dans la masse du nombre de Blogs, les internautes consultent en général les deux, trois premières pages sur les moteurs de recherche, rarement au-delà, pour contrer cela en attendant que votre blog

Grossisse en matières de vues, positionnez-vous sur des mots-clés rapportons peu de trafic mais avec peu de concurrence, en jouant au début de cette stratégie vous arriverez au fil du temps à vous positionner.

Le tout est de savoir optimiser au mieux, en pensant aussi aux personnes qui peuvent Être malvoyante ou qui ont juste un Smartphone et dicte leur recherche vocalement le SEO vocal n'est pas à négliger car beaucoup l'utilise, pour cela il faut que le titre de votre article réponde déjà à une question que se posent les internautes.

L'ajout des Tags et des catégories:

Les Tags et les catégories sont la colonne vertébrale de votre Site, ils permettent à l'algorithme de Google d'identifier et d'indexer plus facilement votre contenu.

Une fois votre article écrit, mettez-y les Bons tags et glisser les dans la bonne catégorie qui peut-être: Lifestyle, Humeurs, Recette de cuisine....

Quand vous écrivez un article veillé à ne pas me l'afficher en entier sur la page d'accueil mais un extrait, il faut également faire attention à l'accès à votre blog étaux articles avec un temps de chargement raisonnable, pas plus de trois secondes.

penser à l'adaptation de votre Blog aux différents écrans, certains suivent les Blogs via leur Smartphone, vérifier sur votre propre téléphone que tout est correct en matière de design, de chargement et que la navigation est optimale.

Pour que Google indexe votre blog plus facilement veillé à respecter ses critères créé du contenu de qualité il n'y a pas de recette miracle mais le temps que vous y consacrerez de la meilleure manière aux Yeux de Google.

Les différentes sources de revenus d'une Blogeuse

Je vous ai parlé à travers ce livre des différentes sources de revenus tel que l'affiliation, les Articles sponsorisés etc. ...mais les blogeuses ont besoin de se diversifier afin de pouvoir avoir une source de revenus supplémentaires.

Beaucoup de blogeuses influentes ont en plus de leur blog et des impératifs pour celui-ci, soit une boutique en ligne à côté, avec la vente de produits ou services dérivés, ils arrivent également qu'elles s'associent avec une créatrice pour la vente d'un produit tel que des bijoux, ainsi les deux parties sont gagnantes.

Si vous décidez un jour de devenir blogueuse professionnel vous devez tôt ou tard pensé à cette éventualité.

Les Agences de Blogeuses

Il en existe plusieurs sur la toile, certaines ont plus d'exigences que d'autres.

La plupart des blogeuses ne passent pas par une agence et se débrouillent seules pour gérer à la fois leurs partenariats avec des marques, les articles sponsorisés et les tarifs qu'elles appliquent, ce qui est d'ailleurs mon cas, je pense que l'on n'est jamais aussi bien servi que par soi-même.

Il m'est pourtant arrivé dans le passé de contacter une agence sur le net mais cette dernière a rejeté ma candidature...leur demande était au moins un an de blogging pour avoir un certain recul, un nombre d'abonnés:

Environ **10 000** alors qu'ils disaient l'inverse dans la presse et une ligne éditoriale claire et lisible, ce qui est ma politique pourtant depuis le départ.

J'ai donc attendu plusieurs mois et j'ai retenté ma chance, la réponse a été la même que celle du début et puis en lisant les différentes interviews de mes collègues pros, je me suis aperçu que chacun gérait à sa manière son blog et ses revenus sans agence.

Aujourd'hui, si une agence où cette agence me contactait, je refuserais toute proposition, effectivement je préfère gérer seule, mais cela est vraiment un choix personnel.

Si toutefois vous cherchez une agence pour blogeuses sur le net, vous en trouverez sans difficulté, après à vous de voir ce que vous préférez.

Le Référencement Google

Le référencement Google sert à optimiser son blog grâce à un contenu de qualité et pertinent en vue d'être dans la pole position sur Google, le **SEO** est plus complexe que cela mais ça vaut le coup de s'y pencher un minimum.

Á travers cet article, je vais essayer de vous expliquer **le référencement Google**.

Si un site dit d'autorité mais un lien vers votre blog, Google suivra le lien pour découvrir votre blog mais, vous pouvez également accélérer le processus en déclarant vous-même votre blog à Google afin que ce dernier l'indexe, cela prend environ 6 à 8 semaines.

Quand on n'a pas les moyens de payer un spécialiste du référencement, la tâche s'avère dure ! il vous faudra beaucoup travailler, lire, apprendre et mettre en pratique.

Le choix des mot- clés est judicieux et primordial si vous savez utiliser les bons, car les plus célèbres vous noieront dans la masse, tout le monde en met, vous pouvez vous en rendre compte sur Instagram, combien de millier de personnes mettent #blogeuse.

Á vous d'être perspicace ou de lire mon livre sur le Blogging qui sortira ce Printemps.

Vous pouvez vous inscrire sur le programme Adwords de Google et lancer une campagne mais je vous conseille de vous renseigner sur le coût de cette opération, car à chaque clic Google vous facture.

Vous pouvez faire et je vous le conseille vivement du référencement naturel, ce travail est de longue haleine mais cela s'avère payant à la finale.

Cela concerne aussi le No et Do Follow.

Les deux algorithmes de Google sont:

Panda & Penguin

Ils filtrent toute la journée afin que Google pénalise les sites de mauvaise qualité.

Google Penguin vérifie la qualité des liens, si vous avez des liens externes vers votre site d'un site de mauvaise qualité ou que vous pratiqué la sur optimisation, Google vous pénalisera.

Google panda s'occupe du contenu de votre site, il juge la qualité du contenu

Vérifier régulièrement votre position pour savoir si Google vous pénalise, pour cela:

– vérifier son positionnement avec l'outil Rank Tracker si votre site chute anormalement cela veut dire que Google vous a pénalisé.

Si vous êtes sur WordPress vous pouvez facilement faire un état des lieux, pensez à optimiser vos photos mais ne faites pas de la sur optimisation en ajoutant beaucoup trop de liens, de mots-clés, mieux vaut peu de mots-clés mais plus porteurs.

Le Référencement naturel

Tout le monde a déjà entendu parler du fameux **No Follow** et **Do Follow**, mais qu'est-ce que cela veut dire exactement, comment les utiliser et accroître la visibilité de son Blog ou de son Site qui généralement a aussi une partie Blog grâce au référencement naturel en 2018 ?

Quelles sont les tendances du référencement naturel en 2018 ?

Follow-me je t'explique !

Le référencement naturel quand on s'applique à bien le faire sont des liens qui pointent vers un nom de domaine où de **backlinks** sous-entendus **Do Follow**, il existe également des liens **No Follow** et tout cela a un impact sur le **SEO** de Ton Site/Blog Internet.

Cette Année est chargée en changement aussi bien du côté de **Google** que des différents réseaux sociaux, il est donc important d'avoir une stratégie digitale au top en postant régulièrement du contenu de qualité et en optimisant correctement son Site/Blog.

Les tendances du référencement naturel 2018 vont aux contenus longs et Au **SEO** vocal.

No Follow et Do Follow déterminent le suivi des liens pour **Google**, le lien **Do Follow** est le principal recherché en matière de **SEO** pour ta visibilité et accroître le trafic vers ton Site ou Ton Blog.

Ce que tu peux déjà retenir:

– Do Follow: **À suivre**

– No Follow: **À ne pas suivre**

Les liens **Do Follow** vers Ton Blog/Site contribuent à meilleur référencement de notre ami **Google**.

Exemple concret:

Si un Blog plus important que le tien en termes de visibilité met un lien **Do Follow** vers ton Blog suite à un article intéressant que tu as écris, **Google** Le considérera et remontera ton Blog sur son moteur de recherche.

À l'inverse Quand **Google** détectera un lien **No Follow** sur Ton Blog/Site il ne le considérera pas et continuera à ignorer ton contenu, c'est pourquoi il est important d'avoir un maximum de liens Do **Follow** pour avoir une certaine importance aux yeux **des petits robots Google**.

Comment avoir un Max de liens Do Follow ?

Il existe bien entendu plusieurs méthodes mais je n'en mettrais que deux ici car il faut déjà en comprendre correctement le fonctionnement avant d'aller plus loin, je ferais un article plus complet sur mon livre Blogging qui sortira dans peu de temps.

Tu peux placer des liens **Do Follow** pointant vers des Sites/Blogs par exemple sur un complément d'articles par rapport à ce que tu expliques dans ton article

Que tel Site ou blogeuse a écrit, en croisant les doigts pour qu'ils en fassent de même.

Tu peux également faire des articles invités, ainsi Le Blog mît en lumière partagera sûrement ton article avec le lien de ton Blog/Site et ce sera également

un lien **Do Follow** et ça c'est bon pour Ton SEO.

Sommaire

Partie Ressources

Remerciements

Un grand merci à tous les participants pour leur gentillesse et le temps qu'ils m'ont accordés pour la réalisation de ce livre.

Cela a été une très belle aventure pour moi ! Et j'espère que cet écrit suscitera des vocations, encouragera celles et ceux qui ont déjà un blog et les aidera au mieux, pour réussir dans la blogosphère si certains{es} désirent en faire leur métier, car oui il s'agit aussi d'un vrai métier que l'on peut faire professionnellement avec beaucoup de passion.

Merci à mon mari qui m'a supporté et encouragé durant tout le processus d'écriture, à ma fille Marine que j'ai dû expédier plus d'une fois au téléphone car j'étais en plein boom pour mon livre, à mon fils qui a été également très patient avec une maman très occupée !

J'ai également voulu que chaque vente de ce livre rapporte 1 € au Mécénat de l'hôpital Necker afin d'aider tous les enfants hospitalisés et leurs familles dans ces moments délicats que la vie nous inflige parfois et essayer à mon niveau de faire avancer un peu les progrès de la médecine, cette volonté est une vraie évidence pour moi, je leur dois la vie de mon fils Maxence opéré du cœur et sauvé, c'est également une manière pour moi de remercier tout le personnel soignant de ce formidable hôpital.

Le mot de la fin sera la citation d'Antoine de Saint-Exupéry:

Fais de ta vie un rêve, et d'un rêve une réalité.

Mentions Légales

Cela constituerait une contrefaçon sanctionnée par les articles L335-2 et suivants du code de la propriété intellectuelle.

L'illustration servant de base à la couverture a été réalisée par Löu Illustrations et mise à disposition sur le site: https://www.louillustrations.com selon les termes de la licence d'attribution 2.5.

Droits d'auteur: Lou 2018

ISBN: 9782322143290

© 2018, Waline, Lou
Edition : Books on Demand,
12/14 rond-Point des Champs-Elysées, 75008 Paris
Impression : BoD - Books on Demand, Norderstedt, Allemagne
ISBN : 9782322143290
Dépôt légal : juin 2018

www.ingramcontent.com/pod-product-compliance
Lightning Source LLC
LaVergne TN
LVHW082347060326
832902LV00016B/2702